Frank von Berger

Hauseingänge und Vorgärten

Pflanzvorschläge und Gestaltungsideen

www.knaur.de

Inhaltsverzeichnis

Einladende Hauseingänge und Vorgärten gestalten

Eine herzliche Begrüßung gleich beim Eintreten, ein fröhliches Hallo, das jedem zeigt, dass Gäste willkommen sind: Hauseingänge und Vorgärten können, ganz unabhängig von ihrer Größe, auf das einstimmen, was hinter Gartentor und Haustür wartet. Ähnlich wie die Terrasse auf der Rückseite des Hauses gehören Vorgarten und Hauseingang zu den am intensivsten genutzten Bereichen des Gartens – wenn auch meistens nur für die kurze Zeit des Ankommens oder Fortgehens. Dennoch werden Hauseingang und Vorgarten bei der Gestaltung oft vernachlässigt, obwohl sie doch eigentlich die Visitenkarte des Hauses sind. Schon bei der Annäherung von der Straße her erschließt sich dem aufmerksamen Beobachter, wer hier wohnt und ob eine ordnende und gestaltende Kraft am Werke war, die sich um Stil und Ausdruck bemüht hat.

Farbe bekennen

Die individuellen Gestaltungsmöglichkeiten sind praktisch unerschöpflich und zeigen dabei stets so viel von der Persönlichkeit des Besitzers, wie dieser offenbaren will – und manchmal sogar etwas mehr. Ein von den Blütenkaskaden und angenehmen Düften üppiger Kletterrosen überwallter Eingang verrät den Romantiker dahinter,

streng formale, geradlinige Einfassungen, akkurat getrimmte Hecken, Formschnittgehölze und rechtwinklig angelegte Wege lassen dagegen ahnen, dass auch die Besitzer des Hauses auf Ordnung bedacht sind. Nicht zuletzt gibt die Wahl des Zaunes oder der Hecke Aufschluss über die Bewohner – eine dornenbewehrte, kratzbürstige Hecke wirkt wesentlich weniger einladend als ein »Gartenzaun mit Zwischenraum, um durchzuschauen«, an den sich vielleicht auch noch fröhliche Sommerblumen anlehnen. Natürlich ist nicht alles überall machbar. Der Fantasie werden durch Grundstücksgröße, Bodenbeschaffenheit und Standortbedingungen oft genug na-

Rosen verraten fast immer den Romantiker. Gleich am Eingangstor wirken sie besonders faszinierend.

5

türliche Grenzen gesetzt und manchmal schränken auch der lokale Bebauungsplan und die persönliche Investitionsbereitschaft bezüglich Arbeit und Geld die Gestaltungsmöglichkeiten ein. Dennoch ist viel mehr möglich, als der Blick auf die meisten existierenden Vorgärten in der Nachbarschaft ahnen lässt. »Gewusst wie!«, heißt die Parole – und mit ein wenig Mut und den richtigen Tipps können auch Gartenneulinge und Anfänger, die sich für völlig unkreativ halten, mehr aus ihrem Eingangsbereich machen.

Schritt für Schritt vorgehen

Jede erfolgreiche Neuanlage und Umgestaltung beginnt mit einer sorgfältigen, überlegten Planung. Im nachfolgenden Kapitel wird Punkt für Punkt angesprochen, worauf es bei der Planung ankommt. Wertvolle Tipps helfen, Visionen zu entwickeln und Entscheidungen zu treffen. Wer merkt, dass er dennoch Schwierigkeiten bei der Planung hat, sollte sich nicht scheuen, einen Fachmann, zum Beispiel einen Gartenarchitekten, mit in die Planung einzubeziehen. Manchmal genügt es aber auch schon, sich mit der Familie und Freunden zusammenzusetzen und alles Angedachte in Ruhe einmal durchzusprechen, um zu den richtigen Entschlüssen zu kommen.

Gestalten ganz ohne Vorgarten

Wer denkt, nur bei großen Grundstücken lohne sich eine richtige Gestaltung, in kleinen Vorgärten oder bei einem Eingang mit Vorplatz sei so etwas überflüssig, wird von der Vielzahl der Möglichkeiten überrascht sein: Schon die ein oder zwei Meter vor der Haustür bieten der Fantasie eine Bühne, die nur richtig genutzt werden muss. Ein freundlicher Empfang ist auch auf kleinstem Raum und mit bescheidensten Mitteln möglich. Attraktiv bepflanzte Kübel, Kästen und Töpfe finden eigentlich überall noch Platz und wo kein Raum zum Aufstellen von Pflanzgefäßen ist, können »Hanging Baskets« für Farbe im Alltag sorgen. Hübsche Accessoires, interessante Beleuchtungseffekte und saisonale Dekorationen etwa zu Ostern, zu Halloween oder zu Weihnachten tun ein Übriges, um aus einem nichts sagenden Eingang ein kleines Schmuckstück zu machen. Die Vorteile eines solchen mobilen Mini-Vorgartens liegen auf der Hand: Man ist in

Kleine Vorgärten werden trotz eingeschränkter Möglichkeiten durch eine überlegte Gestaltung zu echten Schmuckstücken.

der Gestaltung viel flexibler als bei Pflanzen, die im Boden wurzeln. Je nach Saison kann neu gepflanzt oder arrangiert werden, ohne dass viel Erdreich bewegt oder ganze Gartenbereiche umgestaltet werden müssen.

Kleine Vorgärten

Als klein gelten Vorgärten, die nur drei bis vier Meter tief sind und die Breite der Hausfassade nicht überschreiten. Die Lage der Haustür schränkt die Planungsfreiheit zwar in gewisser Weise ein, doch mit ein paar Tricks und etwas Geschick wird aus jedem kleinen Vorgarten etwas Besonderes. In kleinen Vorgärten kommt es auf jeden Quadratmeter an. Deshalb vermeidet man von vornherein tote Ecken und Winkel. Generell gilt: Kleine Vorgärten profitieren von einer klaren Gliederung – Schlichtheit und Beschränkung auf das Wesentliche lautet hier die Maxime. Mit Schnickschnack überladene Mini-Vorgärten beeindrucken niemanden und wirken eher grotesk.

Mittelgroß, aber erstklassig

Normal große Vorgärten findet man in der Regel vor Reihenendhäusern, Doppelhaushälften und frei stehenden Einfamilienhäusern. Meist sind sie umzäunt und haben einen Carport oder eine Garage. Ein seitlicher Durchgang zum hinter dem Haus gelegenen Hauptgarten kann einen fließenden Übergang zwischen den Gartenbereichen bilden, die Gartenräume

Mülltonnen – aus den Augen, aus dem Sinn

Müllgefäße sind ein notwendiges Übel – jeder braucht sie, aber niemand ist über ihren Anblick besonders erfreut. Wohl dem, der sie in der Garage, einem Schuppen oder irgendwo sonst unauffällig unterbringen kann. In kleinen Vorgärten bleibt nur, aus der Not eine Tugend zu machen und sich ein pfiffiges Versteck auszudenken. Man kann sie hinter einer Hecke oder in einer nischenartigen Aussparung der Hecke verstecken, aus hölzernen Sichtschutzelementen (im Baumarkt erhältlich) oder bemalten Holzpaletten eine Verblendung basteln oder Mülltonnen-Schranksysteme aus dem Fachhandel wählen. Letztere sind nicht unbedingt immer schöner als die Tonnen selbst. Mit Kletterpflanzen berankt und einer pfiffigen Dachbegrünung wirken sie aber weniger als Fremdkörper im Vorgarten. Wichtig: Steht die Tonne in einem Versteck, sollte sie ohne große Probleme daraus hervorgerollt werden können. Der Weg zur Straße darf nicht zu mühsam werden. Kurven, Stufen, Kieswege und unebene Plattenbeläge können lästig sein.

Bald schon werden die Kletterpflanzen das Mülltonnenversteck vollständig begrünt haben.

können aber auch separat geplant und gestaltet werden. Bei mittelgroßen Vorgärten ergibt sich eine Vielzahl von Möglichkeiten: Rasenflächen und Inselbeete, den Weg rahmende Rabatten, kleine Teiche oder Brunnen, Pergolen mit Kletterpflanzen oder ein Hausbaum - man kann eine Menge aus dem Vorgarten machen, sollte aber schon bei der Planung auch den späteren Pflegeaufwand bedenken.

Ohne Limit – große Vorgärten

Ein wirklich großer Vorgarten, wie man ihn meist nur auf dem Land fin-

Um den nur mäßig großen Vorgarten größer wirken zu lassen, wurden die Ziergehölze zum Teil vor dem Zaun gepflanzt.

det, bietet praktisch unbeschränkte Möglichkeiten. Carport, Garage, Kinderspielplatz und Rasenflächen, breite Rabatten, Strauchgruppen und auch ein Wassermotiv – für alles ist Platz, sogar Sitz- und Ruhebereiche lassen sich integrieren, vorausgesetzt,

man schirmt die Blicke von neugierigen Passanten ab. Falls es sich bei dem Grundstück nicht ohnehin um eine Hanglage handelt, kann die Landschaft durch künstliche Terrassierung oder das Aufschütten von kleinen Hügeln modelliert werden, wodurch sich weitere Gestaltungsmöglichkeiten ergeben. Im Gegensatz zu kleinen Gärten besteht hier kaum die Gefahr, dass die Anlage überladen wirkt, aber allzu oft manifestiert sich eine mangelnde Planung bei großen Vorgärten in einer gewissen Beliebigkeit. Deshalb gilt auch hier: weniger ist manchmal mehr – nicht alles, was möglich ist, muss auch wirklich umgesetzt werden. Wie bei vielen anderen Gärten zahlt es sich auch hier später aus, wenn man schon bei der Planung des Vorgartens an den späteren Pflegeaufwand denkt.

▶ Beschützer und Zierde – der Hausbaum

Wird die alte Tradition aufgegriffen, einen Hausbaum zu pflanzen, kommt es darauf an, die richtige Art auszuwählen. Manche Baumarten sind sehr raschwüchsig und werden im Alter viel zu groß für den Vorgarten, andere brauchen Generationen, bis sie ihre volle Wirkung entfalten. Ist die Art schnittverträglich, kann jedoch auch ein stark wachsender Baum durch regelmäßigen Rückschnitt im Zaum gehalten werden.
Die meisten Koniferen wirken im Vorgarten etwas düster und steif, und wirklich attraktive Nadelbäume wie Zedern (Cedrus) werden leider rasch viel zu groß und ausladend. Sie eignen sich daher weniger gut zum Haus-

baum. Empfehlenswert sind daher kleine bis mittelgroße Laubbäume. Man muss dann aber in Kauf nehmen, dass durch das Falllaub im Herbst zusätzliche Arbeit anfällt. Beliebte und attraktive Hausbäume sind Ahorn-Arten (Acer spec.), Kuchenbaum (Cercidiphyllum japonicum), Magnolien (Magnolia-Arten), Kugelrobinie (Robinia pseudoacacia 'Umbraculifera'), Säulen-Eiche (Quercus robur 'Fastigiata'), Zierkirschen und Zierpflaumen (Prunus-Arten), Rosskastanie (Aesculus hippocastanum) und Vogelbeere (Sorbus-Arten). Auch ein Ginkgobaum (Ginkgo biloba) ist ungeheuer zierend, aber man sollte darauf achten, ein männliches Exemplar zu pflanzen, da die Früchte der weiblichen Ginkgo-Bäume nach dem Herabfallen einen äußerst unangenehmen Geruch verbreiten.

▶ **Pflanzabstände zum Nachbarn**

Besonders bei kleinen Grundstücken ist es wichtig, beim Pflanzen von Hecken und Gehölzen auf die Grenzabstände zu den Nachbarn zu achten. Leider gibt es allzu häufig Streit wegen überhängender Äste, störendem Falllaub oder Schattenwurf. Hält man sich an die vom Gesetzgeber vorgeschriebenen Pflanzabstände an der Grundstücksgrenze, kann man sich von Anfang an viel Ärger vsparen. Der gesetzliche Mindestabstand von Hecken und Gehölzen zum Nachbargrundstück ist jedoch je nach Bundesland verschieden. Als unverbindliche Richtlinie kann man aber davon ausgehen, dass man beim Pflanzen von Hecken bis 180 cm Höhe einen Abstand von mindestens 50 cm (gemessen von der Mitte des Stammes an der Stelle, an der die Heckenpflanze aus der Erde kommt) zur Grenze einhalten muss. Höher wachsende Hecken müssen einen entsprechend der Mehrhöhe größeren Abstand einhalten. Normal wachsende Ziersträucher und kleine Gehölze können bis auf 50 cm an die Grundstücksgrenze heranreichen, stark wachsende Ziersträucher und höher wachsende Bäume (Birken, Blaufichten, Zierpflaumen, Robinien usw.) müssen mindestens 4 m, großwüchsige Bäume wie Ahorn, Buche, Eiche und Walnuss mindestens 8 m von der Grenze entfernt stehen. In Innerortslagen kann sich – je nach Bundesland – der Grenzabstand auf die Hälfte verringern. Weitere Einzelheiten erfährt man im jeweiligen Landesgesetz.
Tipp: *Man sollte beim Pflanzen junger Gehölze auch daran denken, dass sie im Laufe der Jahre größer werden und dann mit ihren Ästen näher an die Grundstücksgrenze heranreichen oder sie weit überragen. Es sei auch daran erinnert, dass nicht alles, was das Recht zulässt, gleichzeitig dem nachbarschaftlichen Frieden förderlich ist!*

Die optimale Gliederung

Je kleiner der Vorgarten, desto wichtiger ist die gründliche Planung. Damit einmal getroffene Entscheidungen nicht langfristig bereut werden, lohnt sich ein gründliches Nachdenken darüber, wie der Eingangsbereich auf Dauer genutzt wird. Am Anfang der Überlegungen steht der Grundstücks-Check. So kann man systematisch die Situation erfassen und besser planen.

Wege:
- Ist ein befestigter Weg zum Hauseingang vorhanden?
- Ist die Wegeführung sinnvoll und praktisch?
- Sind weitere Zugänge bzw. Zufahrten nötig?
- Bei Neuanlagen: Welcher Belag?
- Muss ein Niveauunterschied überbrückt werden?
- Sind Stufen vorhanden?
- Ist eine Wegbeleuchtung vorhanden/erwünscht?

Vegetation:
- Gibt es vorhandene Vegetation (Bäume, Sträucher, Rasen etc.)?

9

Sind die vorhandenen Pflanzen ge-
sund?
Sind sie auch attraktiv?
Was davon kann für die Neugestal-
tung übernommen werden?
Was soll bzw. muss entfernt werden?
(Für Fragen zum Standort und Boden
siehe Seite 71 ff.)

Notwendige technische Einrichtungen:

Ist ein Vordach nötig?
Ist die Hausnummer gut zu erken-
nen?
Finden Besucher die Klingel auf
Anhieb?
Ist ein Briefkasten vorhanden?
Ist er für Briefträger und Bewohner
gleich gut zu erreichen?
Wo stehen die Mülltonnen?
Kann/will man sie verstecken?
Welcher Art soll die Beleuchtung
der Haustür sein?

Nachbarschaften:

Welche Gebäude beeinflussen den
Garten optisch und klimatisch?
Ist ein Sichtschutz nötig?
Werden in naher Zukunft weitere
Gebäude errichtet oder bleibt der
Status quo?
Gibt es auf den Nachbargrund-
stücken Gehölze?
Wie werden sich diese in den
nächsten Jahren entwickeln?

Stilfragen

»Welcher Eingang, welcher Vorgarten
– und damit: welche Pflanzen passen
zu mir?« Eine nicht ganz so einfach zu
beantwortende Frage. Spontan denkt
man an diese und jene Pflanzen, die
einem gefallen haben, an pfiffige Dekorationsideen, die man irgendwo ge-
sehen hat, oder an Beispiele gelunge-
ner Gestaltungen in der Nachbarschaft, die man als Anregung aufgrei-

---

▶ Was es zu beachten gibt:

▶ Wege im Eingangsbereich sollen bei jedem Wetter sicher und gut zu begehen
sein. Eine feste Decke aus rutschfestem
Pflaster oder Naturstein gewährleistet die
größte Trittsicherheit bei optimaler Pflegeleichtigkeit.
▶ Stufen im Eingangsbereich werden
schnell zu Stolperfallen. Besser als wenige und steile Stufen sind mehrere breite
Stufen, die flach und gut sichtbar konstruiert sind. Wohnen ältere Personen mit
im Haushalt, ist ein barrierefreier Eingangsbereich empfehlenswert.

▶ Wege zur Haustür und zur Garage werden
durch eine überlegte Beleuchtung sicherer und attraktiver.
▶ Kellerfenster müssen bei der Planung der
Bepflanzung frei bleiben, damit Licht ein-
fallen und die Luft zirkulieren kann.
▶ Vor dem Pflanzen von Hecken oder der
Installation von Zäunen empfiehlt sich
eine Anfrage beim örtlichen Grünflächen-
amt oder der Baugenehmigungsbehörde,
ob Vorschriften für Pflanzungen, Einfrie-
dungsarten oder -höhen bestehen. Auch
die nötigen Abstände zu Ver- und Entsor-
gungsleitungen müssen eingehalten werden.

Ein gut geplanter Eingangsbereich berücksichtigt die Bedürfnisse der Bewohner.

fen möchte. Allzu viele diffuse Einfälle erschweren die Planung und lenken vom Ziel ab. Es kann hilfreich sein, die Überlegungen zunächst auf die drei wichtigsten Fragen zu beschränken: was möchte ich, was brauche ich, wie soll es wirken?

Die Blicke lenken

Ganz gleich, wie klein oder groß ein Vorgarten, ein Hauseingang auch ist: der erste Eindruck ist der entscheidende. Damit nichts dem Zufall überlassen bleibt, lenkt man den Blick des Betrachters durch eine bewusste Gliederung. Wenn sich bepflanzte Bereiche und ebene Flächen, zum Beispiel Wege oder Rasenflächen, miteinander abwechseln, entsteht ein lebendiger räumlicher Eindruck. Sichtachsen und Blickfänge können auch dort räumliche Tiefe vortäuschen, wo sie in Wirklichkeit gar nicht gegeben ist. Dabei ist der Verlauf der Wege eines der wichtigsten Werkzeuge, die bei der Planung zur Verfügung stehen. Führt der Weg im Vorgarten in gerader Linie von der Straße oder vom Gartentor direkt auf die Haustür zu, geht davon eine starke Sogwirkung aus. Geschickter ist eine leicht geschwungene Wegführung. Sie muss aber immer logisch sein und darf nicht zum Hindernislauf werden. Eine abwechslungsreiche Bepflanzung links und rechts des Weges, die auch die Vertikale mit einbezieht, erzeugt genauso wie dekorative Elemente für eine gewisse Spannung. Die Höhe der Vegetation sollte dabei von der Straße in Richtung des Hauses leicht ansteigen, nicht umgekehrt. So werden die

Eine gute Idee: Zwei Nachbarn teilen sich den Zugangsweg, sodass auch noch genug Platz für den Rasen bleibt.

Blicke in die Höhe und auf den Eingang gelenkt, statt am Boden haften zu bleiben. Wichtiges Stilmittel für eine interessante Vorgartengestaltung sind vor allem solche Pflanzen, die durch ihren Habitus, ihre Blätter oder ihre Blüten die Blicke auf sich ziehen. Geeignet sind zum Beispiel öfter blühende Strauchrosen, Ziergehölze mit besonders attraktivem Laub oder hoch aufragende, immergrüne Koniferen wie Säulenwacholder, schlanke Scheinzypressen oder Lebensbäume. Am besten wirken Gehölze, die das ganze Jahr über eine Attraktion bieten, das heißt immergrün sind oder nach der Blüte interessante Früchte ausbilden und auch im kahlen Zustand während des Winterhalbjahres einen hübschen Anblick bieten. Mit Sorten, die von Natur aus nicht zu stark wachsen und auch im Alter relativ kompakt bleiben, erspart man sich

regelmäßige Schnittmaßnahmen. Eine fachkundige Beratung in der Baumschule hilft auch Laien, auf Anhieb das Richtige zu finden. Eine durchgehend sehr niedrige Bepflanzung ohne vertikale Elemente – das können durchaus auch ein Obelisk, ein Rosenbogen oder eine Pergola sein – wirkt teppichartig, der Blick schweift ins Leere, ohne irgendwo Halt zu finden. Sogar relativ große Vorgärten wirken dadurch leicht etwas beliebig oder gar langweilig. Werden große Flächen mit Einfassungen wie niedrigen Hecken, Mauern oder schmalen Rabatten umfriedet, erscheinen sie kleiner und lebendiger als simple Rasenflächen. Bei sehr kleinen Vorgärten gibt es jedoch manchmal keine andere Möglichkeit, als den Weg schnurgerade verlaufen zu lassen und auf die Pflanzung von Gehölzen zu verzichten. Hier können andere Gestaltungstricks angewendet werden, damit der Eindruck einer öden Rennstrecke vermieden wird und eine gewisse Auflockerung der Fläche erfolgt. So kann zum Beispiel durch die Wahl der Pflasterung etwas Pep in die Gestaltung gebracht werden. Ist das Gelände leicht abschüssig, kann der Weg mit wenigen Stufen eine interessante Gliederung erfahren. Auch eine fantasievolle Ausstattung des unmittelbaren Eingangsbereiches durch Kletterpflanzen, auf und neben der Schwelle platzierte Kübel, Töpfe und andere mobile Zierelemente bewirken oft wahre Wunder. Hier findet der Blick einen Halt und kann Entdeckungen machen – unsere Augen sind von Natur aus neugierig! Zusätzlich lenken der Hauswand vorgeblendete Spaliere für Kletterpflanzen oder ein Rosenbogen, der sich über dem Eingang wölbt, die Blicke vom Erdboden in die Höhe und akzentuieren kahle Mauern.

Pflanzenstandorte entdecken

Wenn der Vorgarten besonders klein ausgefallen ist, kommt es darauf an, verborgene Pflanzenstandorte ausfindig zu machen und sie für die Bepflanzung optimal zu nutzen. Ein kleines Fleckchen offenen Bodens neben Regenfallrohren, Stützpfosten oder Wegen kann genauso zum Pflanzen anregen wie etwas freier Boden vor Sichtschutzwänden oder Mauern, die mit Kletterpflanzen begrünt werden können. Findet sich keine Möglichkeit, die Kletterpflanzen in den

Erdboden zu setzen, ist ein Kübel eine gute Alternative. (Kletterpflanzen, die gut im Kübel gedeihen, werden auf Seite 35 vorgestellt.) Manchmal kann bei einem mit Platten oder Steinen befestigten Weg auch das eine oder andere Pflasterelement ohne große Mühe entfernt werden, sodass dort direkt in den Boden ein paar hübsche Sommerblumen gepflanzt werden können. Solch eine Pflanzinsel am Wegrand lockert die Monotonie eines gepflasterten Hofes auf und zieht die Blicke auf sich. Nicht nur Kübel und Töpfe bieten Pflanzen einen Lebens-

Eine geschwungene Wegführung und eine abwechslungsreiche Bepflanzung machen den Weg von der Gartenpforte bis zur Haustür zum Erlebnis.

raum, auch ein mit Holzplanken oder Steinen erstelltes Hochbeet kann dort zusätzliche Pflanzenstandorte erschließen, wo freier Boden Mangelware ist. Während Kübel und Töpfe nirgendwo verwehrt werden können, sollten Mieter jedoch vor dem Setzen von Kletterpflanzen und größeren Veränderungen des Eingangsbereiches mit den Hauseigentümern Rücksprache halten.

Akzente setzen

Eine harmonische Bepflanzung des Vorgartens ergibt ein ruhiges Bild. Einzelne Akzente in Form von Steingruppen, Kübelpflanzen, einer Laterne oder einer Skulptur können diesen Eindruck auflockern und beleben, ohne die ruhige Gesamtwirkung grund-

sätzlich zunichte zu machen. Wenn man den Vorgarten oder Eingang nicht mit allzu viel Schnickschnack überfrachtet, fügen dekorative Elemente der Gestaltung eine persönliche Note hinzu. Damit kein wilder Stilmix für einen chaotischen Eindruck sorgt, sollten nicht nur die verwendeten Materialien zueinander passen, sondern auch thematisch miteinander und mit dem Haus selbst korrespondieren. Ebenfalls wichtig ist die richtige Verwendung von Farben. Wenn man sich von Anfang an für eine bestimmte Farbstimmung entscheidet und im Weiteren daran hält, kann man eigentlich nicht viel falsch machen. Zurückhaltend und vornehm wirken Farbharmonien in Weiß, Blau und Zartrosa, peppig und frech dage-

Lange Wege, kurze Wege – optische Tricks zur Wegeplanung

Lange, gerade Wege erscheinen kürzer, wenn
- beim Pflastern die Querfugen im Verbund betont werden
- Querstreifen eingefügt werden
- sehr große Platten verwendet werden
- eine versetzte Wegführung gewählt wird
- sie in der Mitte gebaucht (in der Mitte breiter als am Anfang und am Ende) angelegt werden
- ein kleiner Platz sie unterbricht
- sie sich zum Hauseingang hin verbreitern

Kurze Wege erscheinen länger, wenn
- beim Pflastern die Längsfugen im Verbund betont werden
- kleinteiliges Pflastermaterial verwendet wird

- sie sich zum Hauseingang hin verjüngen
- wenn sie tailliert (in der Mitte schmaler als am Anfang und am Ende) angelegt werden
- Längsstreifen den Weg parallel zu seinem Verlauf einfassen

Taillierte Wege erscheinen optisch länger, als sie in Wirklichkeit sind.

gen die Kombination von Gelb-, Oran- ge- und Rottönen. Jeder hat da wohl seine eigenen Vorlieben und trifft für sich die richtige Wahl. Mit weißbunt belaubten Pflanzen und hellen Blüten kann man übrigens Akzente in dun- klen Ecken setzen und mit kräftigen Farben – zum Beispiel blau glasierten Keramiktöpfen oder einer rot schillern- den Rosenkugel – langweilige Partien im Vorgarten aufwerten. Mehr Tipps für pfiffige Dekorationsideen finden sich weiter unten in diesem Buch.

Ein freundlicher Empfang mit Feng-Shui

Feng-Shui – das klingt nach einer asi- atischen Kampfsportart oder einem exotischen, scharfen Menü. Tatsäch- lich handelt es sich aber um eine tra- ditionelle, chinesische Lehre, die das Wohnumfeld des Menschen nach ganz bestimmten Prinzipien zu ge- stalten hilft. Seit einigen Jahren begei- stern sich nicht nur Asiaten, sondern auch Europäer für diese Lehre und setzen sie in der Architektur, beim Einrichten ihrer Wohnungen und so- gar bei der Gartenplanung ein. Feng- Shui hat nichts mit irgendeiner Sekte oder einer bestimmten religiösen Überzeugung zu tun, auch geht es nicht um eine irgendwie »asiatisch« inspirierte Dekoration mit Buddhasta- tuen oder Bambusfächern. Die Lehre beruht vielmehr auf jahrtausendeal- ten Erkenntnissen, die sich auch in unserem Kulturkreis anwenden las- sen. Die nach Wohlbefinden und Har-

monie strebende Lehre geht davon aus, dass eine »Ch'i« genannte Kraft die Harmonie von Mensch und Kos- mos aufrechterhält. Diese Energie strömt in sanften Wellen durch unser gesamtes Lebensumfeld und beein- flusst unser Dasein. Aufgabe einer Gestaltung nach Feng-Shui ist es, die- se Energie ungehindert fließen zu las- sen und damit das Leben positiv zu beeinflussen. Besonders der Ein- gangsbereich eines Hauses ist wie ge- schaffen für eine Gestaltung nach Feng-Shui-Prinzipien – schließlich wird jeder gern von einer harmoni- schen, positiv gestimmten Atmosphä- re empfangen.

Wie funktioniert Feng-Shui?

Arbeiten mit Feng-Shui bedeutet ener- giebewusstes Gestalten. Alles, was unnötig Kraft raubt oder chaotische Tendenzen fördert, soll dabei vermie-

Ein schmaler Beet- streifen neben dem Eingang kann mit einer schönen Bepflanzung zum Blickfang werden.

Windspiele sorgen für einen Energiefluss und vertreiben Langeweile wie auch düstere Gedanken. – Hölzerne Figuren stärken das Element Holz, wo es als Ausgleich benötigt wird, Gartenteiche das Element Wasser. – Drachen gelten als dominant und aktiv. Sie bewachen das Haus – auch wenn sie so putzig aussehen wie dieser hier. – Windlichter und romantische Sturmlaternen stärken das Element Feuer. Man sollte sie aber nie unbeaufsichtigt brennen lassen.

den werden. Negativ auf das Wohlbefinden können sich sowohl übermäßige Pflanzenpflege wie auch irritierende Ecken und Kanten in der Architektur, schrille Farben oder einfach ganz banale Unordnung auswirken. Mithilfe von Feng-Shui soll ungünstigen Umwelteinflüssen entgegengewirkt werden. Dies bringt die polaren Naturkräfte des Yin und Yang zu einem Gleichgewicht und ermöglicht ein harmonisches Leben im Einklang mit sich selbst.

Nach der Feng-Shui-Lehre kann das Leben in acht verschiedene Bereiche wie etwa Familie, Karriere oder Wissen sowie ein Zentrum, das Tai Ch'i, eingeteilt werden. Jedem Bereich wird eine so genannte Bagua-Zone zugeordnet. Wie auf der Skizze dargestellt, kann man ein Raster über den Eingangsbereich legen. Die Bereiche »Wissen«, »Karriere« und »Hilfreiche Freunde« sollten dabei immer auf der Seite der Haustür liegen. Jeder Zone

sind ein bestimmtes Element, eine Farbe und eine charakteristische Form zugeordnet. Die fünf Elemente als fünf grundlegende Energiequellen können sich gegenseitig beeinflussen, können sich stärkend oder hemmend zueinander verhalten und so unser Wohlbefinden beeinflussen. Dadurch, dass man Gestaltungsmittel einsetzt, die das jeweilige Element unterstützen, werden die dazugehörigen Lebensbereiche gefördert.

- **Holz** ist das Symbol für Energien, die strahlenförmig nach oben streben.
- **Feuer** symbolisiert Energien, die pyramidal spitz nach oben zulaufen.
- **Erde** bezieht sich auf Energien, die in die Breite und nach unten wirken.
- **Metall** steht für Energien, die sich kugelförmig verdichten und zusammenziehen.
- **Wasser** entspricht Energien, die sich wellenförmig und unregelmäßig verströmen.

Die jeweiligen Elemente können auch durch Stellvertreter und Symbole ersetzt werden, so etwa das Wasser durch blau glasierte Keramik, das Feuer durch ein Windlicht oder eine Lichterkette und die Erde durch Terrakotta, die ja aus gebrannter Erde hergestellt ist. Zusätzlich zu den Elementen wirken Pflanzen in der entsprechenden Blütenfarbe in der jeweiligen Bagua-Zone verstärkend. Ideal ist eine Feng-Shui-Gestaltung, wenn man nicht nur allen Bagua-Zonen entsprechende Materialien und Farben zugeordnet hat, sondern auch möglichst viele Sinne angesprochen werden, etwa die Augen durch hübsche Dekorationen, die Ohren durch Klangspiele

und die Nase durch aromatische Düfte. Bei aller Freude am Gestalten mit Feng-Shui gilt jedoch hier wie fast überall noch ein weiteres Prinzip: »Weniger ist mehr.« Ein überreich dekorierter Hauseingang wirkt überladen und unter Umständen sogar chaotisch – was keine positiven Energien freisetzt.

Mit etwas Mäßigung und der Konzentration auf das Wesentliche gelingt aber gewiss ein herzlicher Empfang. Dann werden auch diejenigen, die nichts von Feng-Shui wissen, mit Sicherheit spüren, wie bei einem derart gestalteten Eingang ihre Lebensgeister erwachen und neue Impulse den Alltag bereichern.

Die neun Bagua-Zonen und die ihnen zugeordneten Elemente und Farben.

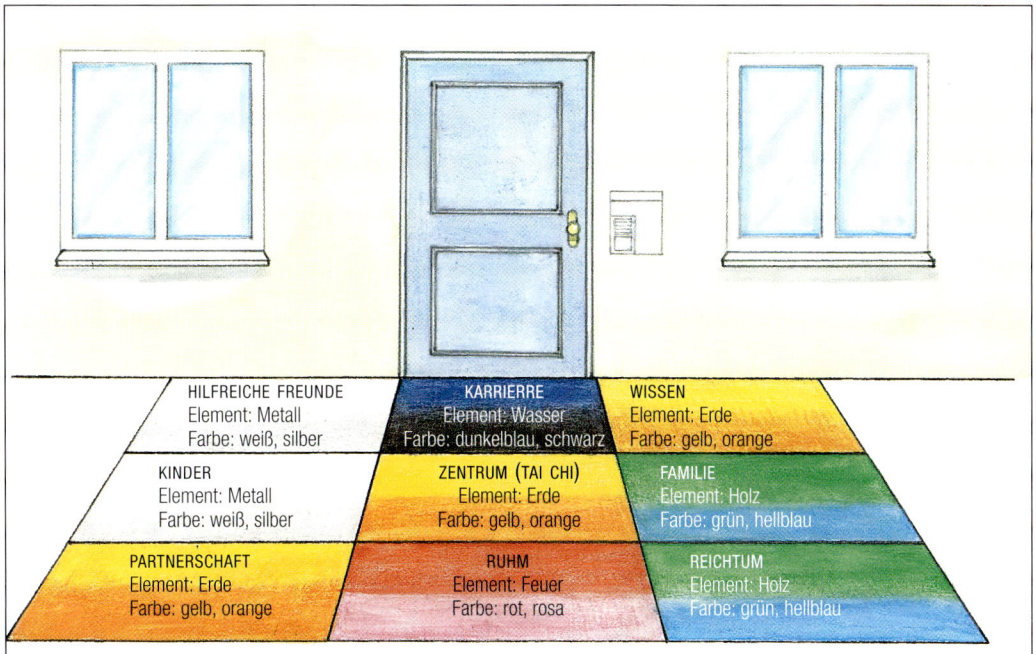

HILFREICHE FREUNDE Element: Metall Farbe: weiß, silber	KARRIERRE Element: Wasser Farbe: dunkelblau, schwarz	WISSEN Element: Erde Farbe: gelb, orange
KINDER Element: Metall Farbe: weiß, silber	ZENTRUM (TAI CHI) Element: Erde Farbe: gelb, orange	FAMILIE Element: Holz Farbe: grün, hellblau
PARTNERSCHAFT Element: Erde Farbe: gelb, orange	RUHM Element: Feuer Farbe: rot, rosa	REICHTUM Element: Holz Farbe: grün, hellblau

Gartendekoration für den Eingangsbereich

Pflanzen sind das Rückgrat eines Gartens. Das gilt auch für den Vorgarten, aber gerade hier können durch dekorative Schmuckobjekte noch zusätzlich Akzente gesetzt werden. Nützliches wie Briefkasten und Hausnummer müssen nicht nur praktisch, sie dürfen auch schön sein. Darüber hinaus lenken Rosenkugeln, Vogeltränken, Skulpturen oder edle Gartenkeramik die Blicke auf sich und sorgen auch in blütenarmen Zeiten oder im Winter für Effekte im Vorgarten. Wer lieber Natur als Kunst mag, kann auch verwitterte Natursteinbrocken, knorrige Baumwurzeln oder fantasievolles Weidengeflecht benutzen, um die Bepflanzung zu ergänzen und aufzuwerten. Oder wie wäre es mit einer selbst gebastelten, aus Holz ausgesägten und bemalten, freundlichen Hexe, die dem Gärtner bei der Arbeit über die Schulter guckt (siehe Kasten »Türsteher und Zaungucker«)? Auch Feste wie Weihnachten oder Ostern und Halloween geben reichlich Gelegenheit, den Vorgarten entsprechend aufzupeppen. Schöne Accessoires findet man unter anderem in Blumengeschäften, Gartencentern, auf Töpfer- und Gartenmärkten und im Garten-Versandhandel sowie auf Trödelmärkten.

cherweise nicht ganz so schnelllebig wie in der Kleidermode, sondern entwickeln sich über Jahre und bleiben länger als eine Saison lebendig. Eine Vorgartendekoration muss jedoch nicht unbedingt einem bestimmten »Stil« folgen. Wichtiger ist, dass sie Ausdruck der eigenen Persönlichkeit ist. Mancher weiß intuitiv, was gut aussieht und in den Vorgarten passt, aber diese Gabe hat nicht jeder. Man kann sich bei der Vorgartendekoration an einer bestimmten Farbwirkung, etwa Ton-in-Ton, orientieren oder die Wirkung von Farbkontrasten nutzen. Ein thematischer Schwerpunkt erschließt zahlreiche Möglichkeiten: ob ländlich-bäuerlich, klassisch und formal, romantisch oder mediterran – Hauptsache, man findet sich irgendwo in der Idee wieder und empfindet die Gestaltung nicht als Korsett.

TIPP *Manchmal ist es besser, sich bei der Gestaltung Zeit zu lassen. Rom ist auch nicht an einem Tag erbaut worden. Statt wild draufloszusammeln, kann man den Vorgarten nach und nach mit Accessoires ausstaffieren. Dann zeigt sich besser, wo was hinpasst und wo was fehlt. Und der persönliche Bezug entsteht wie von selbst.*

Trends und Themen

Zweifellos gibt es auch im Garten Trends und Moden. Sie sind glückli-

Gartenaccessoires

Der Mensch ist von Natur aus ein Jäger und Sammler – das gilt auch für Gar-

tenaccessoires. Wer einmal einen Blick dafür bekommen hat, der merkt schnell: Überall locken Schnäppchen und Gelegenheiten. Der Handel bietet eine Fülle hübscher und oft auch praktischer Kleinigkeiten an, mit denen man den (Vor-)Garten verschönern kann. Schwierig, da den Überblick zu behalten und nicht wahllos zu kaufen, was einem vor die Finger kommt. Damit nicht unnütz Zeit und Geld in Schmuckobjekte investiert werden, für die sich dann doch kein Plätzchen im Garten findet, kann man sich an ein paar einfache Regeln halten:

- Bei der Auswahl von Schmuckobjekten lohnt es sich, das Maß der Dinge nicht aus den Augen zu verlieren. Was im Haus gut aussieht, geht im Garten vielleicht durch die Konkurrenz der Bepflanzung oder die anderen Dimensionen des »grünen Zimmers« verloren. Im Freien dürfen Strukturen gröber sein, sollten aber in puncto Größe und Volumen dem Garten angemessen ausgewählt werden. Riesige Kübel oder Skulpturen können winzige Vorgärten erdrücken, Miniaturobjekte dagegen werden von der Pflanzenpracht einfach verschluckt.
- Geschickt platzierte Accessoires helfen, die Blicke zu lenken. Sichtachsen können durch ein schönes Stück am Ende eines Weges betont werden. Bringt man Objekte auf Augenhöhe – etwa durch Verwendung eines Sockels oder indem man sie auf Treppenstufen platziert –, ziehen sie die Blicke stärker auf sich.
- Erst die passende Kulisse bringt ein Objekt richtig zur Geltung. Eine Hecke, ein Ziergehölz oder eine Kletterpflanze hinter einer Amphore oder einer Skulptur sorgen für eine optische Anbindung an den übrigen Garten. Will man ein Einzelstück besonders betonen, kann man es auf einen Sockel stellen oder ein gepflastertes Rondell im Rasen oder Beet anlegen, in dessen Mitte es wie auf einer Bühne platziert wird.
- Teuer ist nicht gleich schön. Gartenaccessoires müssen nicht immer viel Geld kosten, um nach was auszusehen. Manchmal ist ein Objekt »Marke Eigenbau« aus bemalten Holzresten oder gebogenem Altme-

Manchmal muss man gar nicht viel dazutun, um eine stimmungsvolle Atmosphäre zu erzeugen.

Der Fachhandel bietet eine Fülle geschmackvoller Gartenaccessoires wie etwa diese Zapfen aus Terrakotta an.

tall viel reizvoller als ein fertig gekauftes, sündhaft teures Schmuckstück aus der Gartenboutique.

Es muss nicht immer donnernder Applaus sein – der kann mitunter ganz schön auf die Nerven gehen. Wer auf leise Töne setzt und Accessoires zurückhaltend und überlegt arrangiert, wird beim Betrachter statt schallendem Gelächter eher ein fröhliches Schmunzeln oder ein verträumtes Lächeln hervorzaubern. So gewinnt man nicht nur den Moment, sondern überzeugt auch auf längere Sicht.

»Denn alle Lust will Ewigkeit« – das wussten zwar schon die Dichter, aber es muss nicht unbedingt für die Gartendekoration gelten. Hat man mehr Deko-Objekte, als dem Vorgarten zum Vorteil gereichen, hilft ein einfacher Trick: Öfter mal einzelne Stücke austauschen und andere dafür ins Kämmerlein

verbannen – das bringt Abwechslung in den Vorgarten, statt ihn mit einer unüberschaubaren Fülle von Objekten zu überladen.

Bewegung, Klang und Licht werden leider oft vergessen, wenn nach dekorativen Gartenaccessoires gesucht wird. Mobiles und Windspiele, Windrädchen, Wetterfahnen und Äolsharfen lockern den statischen Vorgarten auf. Den gleichen Effekt haben im Wind schwingende Ziergräser wie Bambus und Chinaschilf. Blinkende Spiegel reflektieren Sonnenlicht und nachts können elektrische Außenlichterketten für eine heimelige Atmosphäre sorgen.

Und schließlich die letzte, aber wohl allerwichtigste Regel:

Weniger ist mehr. Statt ein großes Warenlager nutzloser und unpassender Zierstücke anzulegen, sollte man besser wenige ausgewählte Stücke inszenieren. Ideal ist es, wenn sich Materialien, Farben und Stile ergänzen oder miteinander korrespondieren. Kleine Gruppen gleicher Objekte können Rhythmus und Struktur in den Vorgarten bringen. Duette wirken meist edel und ausgewogen, bei mehr als zwei Stücken sollte man aber eine ungleiche Anzahl bevorzugen.

Sicherheit und Pflege

Bei aller Lust am Dekorieren dürfen praktische Aspekte nicht zu kurz kommen: Als dauerhafte Dekoration gedachte Objekte für den Vorgarten müssen Wind und Wetter trotzen, frostfest und pflegeleicht sein und einen festen Stand haben, damit sie nicht zu Bruch gehen oder jemandem auf den Fuß fallen. Genauso wie die Pflanzen brauchen auch die Objekte im Vorgarten regelmäßige Pflege. Algen und Schmutz in der Vogeltränke sind nicht nur unappetitlich, sondern machen das Becken auch zu einer Brutstätte für Krankheitskeime und Mückenlarven. Blind gewordene Glaskugeln und umgestürzte oder zugewachsene Figuren wirken eher abstoßend als einladend und die Weihnachtsdekoration sollte spätestens dann abgeräumt werden, wenn die ersten Krokusse aus der Erde sprießen. Und noch etwas ist zu bedenken: Je teurer ein Objekt war, desto größer ist die Gefahr des Diebstahls. Kostba-

re Amphoren, Keramik und Skulpturen verankert man daher möglichst fest am Untergrund (Sockel oder Podest) oder stellt sie außer Reichweite von Langfingern auf.

Tipp: Je höher das Gewicht, desto sicherer sind die Objekte vor dem unerwünschten Abtransport!

Weihnachtsdekoration

Weihnachten steht im wahrsten Sinne des Wortes vor der Tür, wenn Vorgarten oder Eingangsbereich passend zur Jahreszeit dekoriert wurden. Lichterketten und Strohsterne in den Zweigen von Bäumen oder Sträuchern, glänzende Christbaumkugeln, Lametta, duftende Äpfel und Zitrusfrüchte, Nüsse und vielleicht auch ein selbst verzierter Türkranz bieten festlichen Zauber und sorgen für einen harmonischen, friedvollen Empfang. Winter-

Für einen schönen, dichten Kranz werden die Zweige dachziegelartig überlappend auf die Unterlage gebunden. Noch einfacher geht's mit fertig gebundenen Kränzen, die man nur noch weihnachtlich zu verzieren braucht.

> **Eine runde Sache**

Türkränze haben eine lange Tradition; mit immergrünen Zweigen, etwa von Buchs- oder Lebensbaum, Stechpalme (Ilex), Efeu oder Fichte, symbolisieren sie Unvergänglichkeit. Mithilfe vorgefertigter Reifen aus Stroh, Rohr oder Styropor und Bindedraht kann man sie mit etwas Geschick und wenig Aufwand selbst anfertigen. Zum weiteren Verzieren nimmt man kleine Christbaumkugeln, gold gefärbte oder naturfarben belassene Nüsse und Zapfen sowie Bänder, Schleifen und andere Zutaten. Zum Aufhängen an der Tür eignen sich Saughaken, die sich später spurlos wieder entfernen lassen.

21

Blüten auch im Winter

Töpfe und Kübel, die im Sommer einjährige Blütenpracht beherbergen,
müssen im Winter nicht verwaist her-
umstehen. Zu den beliebtesten Win-
terblühern gehören zum Beispiel Hei-
dekrautarten wie Schneeheide (*Erica
carnea*) oder die einjährig kultivierte
Glockenheide (*Erica gracilis*).
Mit roten Früchten schmücken sich
Rebhuhnbeere (*Gaultheria*) und Skimmien (*Skimmia japonica* 'Robert
Fortune'). Die blauviolett blühenden
Strauchveroniken (*Hebe* Andersonii-
Hybriden), die es auch mit weißbuntem Laub gibt, überstehen leichte
Fröste ohne Schaden.
Und auch ohne Erde braucht man
nicht auf etwas Wintergrün zu verzichten: Mit Zweigen immergrüner
Gehölze lassen sich in Töpfen, Vasen
und Körben hübsche Gestecke arran-
gieren. Alle eingetopften Pflanzen
gießt man an frostfreien
Tagen, damit sie nicht austrocknen.
Gestecke aus immergrünen Zweigen
bleiben länger frisch, wenn sie in
Wasser gestellt werden. Aber Vorsicht: Bei Frost können mit Wasser
gefüllte Gefäße platzen!

Kürbisfratzen und Hexentanz

Seit einigen Jahren wird Halloween
auch bei uns immer beliebter. Dieses
am 31. Oktober, also am Abend vor
Allerheiligen gefeierte, fröhlich-gruse-
lige Fest, an dem Kinder sich als He-
xen, Magier oder Monster verkleiden
und auf der Jagd nach Süßigkeiten

**Bruchfeste Christ-
baumkugel aus
Kunststoff**

harte Kübelpflanzen wie Buchsbaum,
Bambus oder Zwergkoniferen auf dem
Treppenabsatz oder vor der Haustür
erhalten zum Schutz vor strengen
Frösten ein weihnachtliches Winter-
mäntelchen. Dazu werden sie »bis
zum Hals« in Sackleinen gesteckt.

TIPP *Christbaumkugeln für den
Außenbereich gibt es auch aus
Kunststoff. Sie unterscheiden
sich optisch nicht von Glaskugeln, trotzen
aber dem Wetter besser und gehen nicht
kaputt, wenn sie mal von einer Windböe
vom Zweig gefegt werden.*

Die Zwischenräume füllt man mit
Stroh, Styroporflocken oder trocke-
nem Laub aus. Eine hübsche Schleife
hält alles zusammen. Der grüne
Schopf braucht Licht und bleibt von
der Verpackung ausgenommen; etwas
Dekoration ist aber schon fast ein
Muss!

durch die Nachbarschaft ziehen, bietet eine ideale Gelegenheit, den Eingangsbereich mit geschnitzten Kürbisfratzen, herbstlichen Fruchtarrangements in dekorativen Körben, stimmungsvollen Windlichtern und anderen Accessoires zu gestalten. Wer es

weniger heidnisch mag, kann sich auf ein anderes traditionelles Herbstfest beziehen: An Erntedank erinnert ein selbst gestalteter Türbogen, der an der Haustür oder darüber befestigt werden kann, oder ein Korb mit herbstlichen Früchten und Zierkohl.

Links: Mit winterfesten Pflanzen bestückte Kästen geben der kalten Jahreszeit etwas Farbe.

Rechts: Tagsüber wirkt die Dekoration mit Kürbisköpfen fröhlich. Werden sie nachts von innen beleuchtet, jagen sie einen wohligen Schauder über den Rücken.

Zierkohl, kleine Kürbisse und Nüsse stimmen auf den Herbst ein.

▶ Türbogen schmücken

Für einen herbstlich gestalteten Türbogen braucht man entweder einen mit Bindedraht selbst gewundenen Bogen aus getrocknetem Reisig (Weide, Ginster, Weinreben), einer knorrigen Wurzel oder Stroh oder man benutzt einfach einen alten Holzkleiderbügel. Im Bastelbedarf gibt es auch fertige Rohlinge zu kaufen.
Die Dekorationsteile – Trocken- und Seidenblumen, echte oder künstliche Früchte (Äpfel, Zierquitten, Zierkürbisse etc.), Nüsse, Blätter, Schleifen, Bänder und anderes – werden mit Bindedraht und Klebstoff am Bogen befestigt. Aufhänger nicht vergessen!

► **Türsteher und Zaungucker**

*Mit selbst gebastelten, liebenswerten Tür-
stehern ist immer was los vor der Haustür.
Sie heißen Besucher auf ganz individuelle
Weise willkommen und können mit Trocken-
floristik und witzigen Accessoires noch zusätzlich aufgepeppt werden.*

*Alles, was man für die Herstellung braucht,
sind ein gesäumtes Fichtenholzbrett für die
Figur (etwa 19 x 120 x 2,5 cm), ein unge-
säumtes Fichtenholzbrett für den Standfuß
(etwa 2,5 x 19 x 25 cm), je ein kleines
Fichtenholzbrett für den Hut und das Deko-
Herz (etwa 2,5 x 30 x 30 cm), einige Nägel
(2,5 x 60 mm), farbiger Acryllack, Bast für
die Haare und eine Holzkugel für die Nase.
Der Reisigbesen besteht aus einem Rund-
holz (etwa 80 cm lang) und Birkenreisig.*

So einfach wird's gemacht:
*Zuerst werden Hut und Herz auf die kleinen
Fichtenholzbrettchen aufgezeichnet und aus-
gesägt. Das große Brett wird etwa 15 Zentimeter unterhalb des oberen Endes mit der
Säge drei bis vier Zentimeter tief eingekerbt,
damit eine Kopfform und die Schultern entstehen. Den Hut befestigt man mit Nägeln
bzw. Dübeln und wasserfestem Holzleim am
Kopfteil. Genauso bringt man den Standfuß
am unteren Ende des Brettes an. Dann
bemalt man die Figur und das Deko-Herz
nach eigenem Geschmack und befestigt die
Bastfrisur mit Klebstoff am Kopf. Das Herz
und der Besen werden der munteren Hexe
mit einem Bindedraht umgehängt. Zum
Schluss klebt man noch die Holzkugel als
Nase auf und bindet der Hexe ein buntes
Halstuch um.*

Tipp: *Die angesetzten Holzteile (Standfuß
und Hut) können für einen besseren Halt
rückseitig mit einer Holzstrebe verstärkt
werden.*

Ins rechte Licht gesetzt – Beleuchtung im Eingangsbereich

Wenn die Nacht hereinbricht, scheint der Gartentag beendet. Doch künstliche Beleuchtung sorgt dafür, dass der Eingangsbereich auch nach Sonnenuntergang noch gut zur Geltung kommt. Gartenleuchten, Laternen, Lichtbänder und andere Lichtquellen sorgen für Sicherheit und erzeugen Atmosphäre. Durch Lichtspiele sowohl entlang des Weges als auch in den bepflanzten Bereichen können gezielt Akzente gesetzt und neue Perspektiven erschlossen werden.

Perfekte Inszenierung

Wird der gesamte Vorgarten hell ausgeleuchtet, bekommt er schnell etwas Ungemütliches. Besser, man setzt gezielte Lichtpunkte an markanten Wegmarken - etwa Treppenstufen oder Wegbiegungen – und erhellt nur ausgewählte Bereiche in der Vegetationszone. In Ecken und im hinteren Teil des Vorgartens platzierte Lichtquellen lassen auch kleine Grundstücke größer wirken. Von bodeneben installierten Strahlern angeleuchtete Hecken, Sträucher und Bäume werden nachts zu beeindruckenden Statisten auf der Gartenbühne, und Ziergräser wie Pampasgras oder einzelne Bambushorste wirken bei künstlicher Beleuchtung wie Fontänen. Pflanzen mit markanten, großen Blättern, etwa Funkien oder Farne, können durch künstliche Beleuchtung eine exotische, fast tropische Wirkung erhalten. Gartenteiche oder Wasserspiele verstärken diesen Eindruck noch. Saisonale Lichtspektakel, etwa zur Weihnachtszeit, machen Eingänge und Vorgärten zu einem neuen Erlebnis. Dabei sollten farbige Lichter und blinkende Lichtspiele sehr vorsichtig eingesetzt werden. Sie wirken oft fremdartig und die Grenze zum Kitsch wird meist ungewollt, aber erstaunlich schnell überschritten.

Immer noch am schönsten wirken Miniatur-Lichterketten mit klaren Birnchen, die tagsüber unauffällig in der Vegetation versteckt sind und nachts wie tausend Sternchen strahlen.

Sicherheit durch Licht

Schlecht beleuchtete Wege und Hauseingänge sind ein Sicherheitsrisiko. Deshalb beleuchtet man alle bei Dunkelheit benutzten Wege, besonders aber Stufen oder Treppen mit nach unten strahlenden Gartenlampen, die nicht blenden. Auch an der Hauswand oder unter der Dachtraufe befestigte Strahler, die über Kopfhöhe installiert sind, gewährleisten eine sichere Beleuchtung des Eingangsbereiches. Besonders am Haus sind mit Bewe-

25

**Moderne Garten-
leuchten, die das
Licht vor allem
nach unten ab-
strahlen, eignen
sich besonders
gut zur Weg-
beleuchtung.**

gungsmeldern gekoppelte Systeme
eine praktische und bequeme Lösung.
Sie sorgen für Sicherheit und halten
gleichzeitig den Stromverbrauch nie-
drig. Ebenso praktisch sind Dämme-
rungsschalter, deren Sensoren auf
schwindende Helligkeit reagieren und
das Licht zuverlässig an- und aus-
schalten, wenn es nötig ist.
Wichtig ist die richtige Positionierung
von Sensoren und Infrarot-Bewegungs-
meldern. Damit das System funktio-
niert, muss der Erfassungsradius
stimmen, und größere Gewächse dürfen den Sensor nicht abschirmen.
Übrigens wirken solche autonom auf
Bewegung oder Wärme reagierenden
Beleuchtungssysteme abschreckend
auf Einbrecher und andere finstere

Gestalten, die bekanntlich das Licht
scheuen.

Tipps zur Installation

Aufwändige Installationen mit in der
Erde vergrabenen Zuleitungen und
raffinierte Lichtspiele erfordern einiges technisches Know-how und Sorg-
falt beim Verlegen, damit sie dauer-
haft sicher sind.
Alle Anschlüsse für 220 Volt müssen
vor Feuchtigkeit und mechanischer
Beschädigung (zum Beispiel bei Gar-
tenarbeiten) geschützt werden. Am
besten zieht man einen Fachmann zu
Rate. Es gibt jedoch auch einfache
Lichtsysteme, die mit 12 Volt Nieder-
spannung arbeiten und leicht selbst
zu installieren sind. Sowohl bei Strahlern wie auch Lichterketten und Ähn-
lichem verwendet man natürlich nur
solche Systeme, die für den Außenbereich zugelassen sind. Anhand des
Kürzels »IP« und einer nachfolgenden
Nummer erhält man Auskunft darüber, wie robust ein Produkt ist. Je
größer die Zahl, desto robuster ist
der Beleuchtungskörper. Besonders
praktisch sind Solarlampen, die ohne
Kabel und Stromanschluss auskom-
men. Die durch Sonnenlicht aufgela-
denen Solarakkus erlauben je nach
Kapazität eine Beleuchtungsdauer
zwischen 4 und 20 Stunden.
Damit sie wirklich optimal funktionie-
ren, dürfen die Solarzellen, die meistens auf dem Lampendeckel installiert
sind, nicht von Pflanzen verschattet
oder abgedeckt werden.

Gärtnern ohne Garten – Treppen und Vorbauten

Es muss nicht immer gleich ein Vorgarten mit Rasen und Hecke sein – oft beschränkt sich das Platzangebot nur auf einige Treppenstufen oder einen Windfang vor der Haustür. Richtig pflanzen kann man da eigentlich nichts. Dennoch gibt es keinen Grund, resigniert die Hände in den Schoß und die Pläne eines hübsch dekorierten Eingangs ad acta zu legen. Gärtnern ohne Garten heißt die Devise – denn zum Glück gibt es Kübel und Töpfe, Kästen und Schalen, mit deren Hilfe man den Hauseingang verschönern kann. Auch Ampeln oder der neue Trend aus England, so genannte »Hanging Baskets« (siehe Seite 49 ff.), ermöglichen eine Verschönerung des Eingangs mit Blumen und Grünpflanzen. Viele attraktive Kletterpflanzen wachsen auch in Kübeln und können an Spalieren oder Spanndrähten parallel zur Hauswand gezogen werden oder den Vorbau umranken.

Topfgärten – eine alte Tradition

Ganz neu ist die Methode, in Kübeln und Töpfen zu gärtnern übrigens nicht: Schon die alten Kulturen in

Getopfte Pflanzen betonen die Symmetrie dieser Eingangssituation.

27

Eine gepflegte Kübelpflanze vor der Haustür macht stets einen guten Eindruck.

Erlaubt ist, was gefällt

Heute hat man bei Pflanzgefäßen die Auswahl unter vielen verschiedenen Materialien und Designs. Dennoch wirkt ein Hauseingang am schönsten, wenn die Dekoration auf die individuelle Situation abgestimmt wird. Es kommt nicht unbedingt auf Blütenpracht an, Blattschmuckpflanzen und Immergrüne können auch sehr reizvoll wirken. Wichtig ist, dass die Pflanzen gesund sind und üppig gedeihen. Kränkelnde, mickrige Pflanzen sind kein schönes Empfangskomitee!

Bewusste Gestaltung

Die Kunst der guten Gestaltung liegt übrigens oft in der Mäßigung: Stehen nur ein oder zwei Stufen zur Verfügung, dann stellt man sie nicht so voller Töpfe, dass man nicht mehr treten kann. Größere Vorplätze können vielfältiger mit Kübeln dekoriert werden. Sogar kleine Gehölze und Kletterpflanzen finden dann genug Platz zur Entfaltung. Aber auch hier wirkt eine Gestaltung in den meisten Fällen besser, wenn man sich ein Thema wählt, zum Beispiel eine Farbe, die quasi als Leitmotiv sowohl in Blüten wie in Töpfen oder Dekorationsobjekten immer wieder auftaucht. Wie wär's zum Beispiel mal mit einer »Blauen Stunde« vor der Haustüre? Worauf man beim Bepflanzen achten muss und wie man die eingetopfte Blumenpracht pflegt, damit sie blüht und gedeiht, steht weiter unten auf Seite 36 ff.

Ägypten, Griechenland und Rom pflegten Gewächse in konische Gefäße aus Ton zu pflanzen, die unseren Blumentöpfen nicht unähnlich waren Im Mittelalter wurden eher Nutzpflanzen wie Kräuter und Gewürze in Töpfen gezogen, aber schon in der Renaissance fand man wieder Geschmack an Buchsbaum und Lorbeerstrauch, die allein aus Freude am Dekorieren in Form geschnitten wurden. Die besonders in nördlichen Regionen kostbaren Zitrusbäumchen, Granatäpfel und andere Exoten wurden auch deshalb in Kübeln kultiviert, um sie bei widrigen Witterungsverhältnissen in die Obhut des Hauses bringen zu können – ganz genauso, wie es jetzt wieder Mode ist.

Hoch hinaus mit Kletterpflanzen

Wenn kein »echter« Vorgarten möglich ist, kommt es darauf an, die Vorgaben möglichst optimal zu nutzen. Besonders geschickt ist es, mit kletternden und rankenden Pflanzen auch die dritte Dimension zu nutzen. Kletterpflanzen brauchen nur eine minimale Grundfläche, um ihre Wurzeln ins Erdreich zu versenken. Manche begnügen sich sogar mit einer Existenz im Kübel (siehe unten). Wo keine Stützen oder Rankhilfen vorhanden sind, kann man vorgefertigte oder selbst gezimmerte Spaliere installieren. Solche dekorativen Elemente gliedern nicht nur eine nackte Hauswand, sondern können auch beiderseits des Eingangs frei emporragen, einen Sichtschutz zum Nachbarn bilden oder in Form eines Rosenbogens ein herzliches Willkommen signalisieren.

Ideale Kletterkameraden

Unter den vielen attraktiven Kletterpflanzen für den Eingangsbereich erfreuen sich zwei Gattungen besonders großer Beliebtheit: Kletterrosen (*Rosa*) und Waldreben (*Clematis*). Beide wirken für sich allein schon wundervoll, kombiniert man sie jedoch miteinander, kann man wirklich hin-

Die samtig rote Kletterrose 'Sympathie' überzeugt mit reichem Flor und Robustheit.

reißende Effekte erzielen. Für eine optimale Wirkung wählt man nicht nur farblich zueinander passende Sorten aus, sondern achtet auch darauf, dass sich die Blütezeiten der Pflanzen überschneiden.

Stützen und Spaliere

Ganz gleich, ob einjährig oder winterhart, die meisten Kletterpflanzen benötigen eine Stütze, um ihren Weg nach oben zu finden. Nur sehr wenige Gattungen klettern ganz ohne Unterstützung selbst empor, indem sie Haftwurzeln ausbilden, mit denen sie sich am Untergrund festhalten. Diese so genannten Wurzelkletterer, zu deren bekanntesten Vertretern Efeu, Jungfernrebe und Kletterhortensie gehören, erobern selbst nackte Hauswände. Neben dem Vorteil, dass sie keine Stützkonstruktionen benötigen, kann diese Eigenschaft auch den Nachteil haben, dass die Haftwurzeln in Spal-

Der mit immergrünem Efeu berankte Torbogen macht das ganze Jahr über eine gute Figur.

ten und Risse im Mauerputz eindringen und diese vergrößern. Daher sollte man Wurzelkletterer nur an intakte Mauern pflanzen und darauf achten, dass die Haftwurzeln nicht in irgendwelche Ritzen oder Zwischenräume, etwa im Bereich des Dachansatzes, eindringen.

Hilfestellung für Kletterkünstler

Kletterpflanzen, die nicht selbst haftend sind, brauchen Hilfestellung auf ihrem Weg nach oben. Die einfachste Form der Unterstützung sind verzinkte oder mit Kunststoff ummantelte Spanndrähte, die mit einigen Zentimetern Abstand an der Mauer befestigt werden. Sie eignen sich allerdings nur für selbst schlingende Kletterpflanzen wie Blauregen, Geißblatt oder Pfeifenwinde. Andere Kletterpflanzen rutschen an den glatten Drähten oder Schnüren ab. Für sie eignet sich am besten ein gitterartiges, festes Spalier, an dem die Triebe sich entweder selbst emporranken oder angebunden werden können. In jedem Baumarkt gibt es vorgefertigte Konstruktionen aus Kunststoff, Metall oder Holz in verschiedenen Ausführungen. Am attraktivsten sehen Kletterhilfen aus natürlichen Materialien aus, etwa aus witterungsbeständigem Holz. Wird das Spalier in einer pfiffigen Farbe gestrichen, hält das Holz nicht nur länger, es lassen sich auch interessante Kontraste und Harmonien zu den Pflanzen herstellen. Frei stehende Konstruktionen wie Rosen-

bögen oder Pergolen sollten ebenfalls wetterfest imprägniert oder gestrichen und robust konstruiert sein. Werden sie mit festen Stützankern im Boden gegründet, haben sie einen sicheren Stand und bieten auch kräftigeren Kletterpflanzen wie üppig blühenden Kletterrosen über Jahre einen guten Halt. Mieter müssen übrigens vor dem Installieren von Spalieren oder anderen Kletterhilfen an der Hauswand zuvor den Vermieter um Erlaubnis fragen. Wenn der Vermieter gegen eine Installation an der Hauswand ist, können frei stehende Obelisken oder Dreibeine eine elegante Alternative darstellen.

Welche Kletterpflanze soll es sein?

Es spielt eigentlich keine Rolle, ob der Eingangsbereich in der Sonne oder im Schatten liegt, denn für jeden Standort gibt es eine geeignete Kletterpflanze (siehe Kasten). Um mit Gewissheit das Richtige zu pflanzen und die gewünschte Wirkung zu erzielen, wählt man die Kletterpflanze gezielt nach ihren Eigenschaften aus. Folgende Fragen helfen bei der Entscheidung:

- Einjährig oder mehrjährig
- Immergrün oder Laub abwerfend
- Endgültige Wuchshöhe
- Sind duftende Blüten erwünscht
- Blütezeit
- Blütenfarbe
- Ist eine Stütze erforderlich
- Ist der vorgesehene Standort geeignet

In Zweifelsfällen kann man sich beim Kauf in Gärtnereien, Baumschulen oder im Gartencenter vom geschulten Personal beraten lassen.

Kleiner Pflege-Kompass

Alle kletternden Gewächse pflanzt man in tiefgründig gelockerten, mit Kompost oder Langzeitdünger angereicherten Boden zwei Fuß breit von der Hausmauer entfernt. Das Pflanzloch muss etwa doppelt so breit und tief wie der Wurzelballen der Pflanze sein. Eine Kiesschicht am Grund des Pflanzloches verhindert bei schweren Böden die Bildung von Staunässe. Die Pflanze wird leicht schräg zur Mauer oder Rankhilfe eingesetzt und das Pflanzloch mit Erde aufgefüllt, die Erde leicht angedrückt und gut angegossen. Eine Mulchschicht hält die Feuchtigkeit im Boden. Mithilfe eines Stabes kann man die Jungpflanze an

Blauregen (*Wisteria*) entwickelt sich mit den Jahren zu fast tropischer Üppigkeit, wenn man ihn nicht regelmäßig zurückschneidet.

Blauregen

Trompetenblume

Wilder Wein

▶ **Die schönsten Kletterpflanzen für Sonne und Schatten**

Sonnige Standorte sind bevorzugte Reviere für üppig blühende Kletterpflanzen. Hier die schönsten Arten. Weitere beliebte Arten finden Sie auch in der Tabelle der für Kübel geeigneten Arten.

Akebie, Blaugurkenwein (Akebia quinata)*: mehrjährig; bis 8 m hoher Schlinger, ab Mai braunrote Blütentrauben; verträgt auch Halbschatten.*

Blauregen (Wisteria sinensis, W. floribunda)*: mehrjährig; sehr rasch wachsender Schlinger, im Mai attraktive, bis 30 cm lange Blütentrauben in Hellviolett oder Weiß. Japanischer Blauregen* (W. floribunda) *wird bis zu 8 m, der robustere Chinesische Blauregen* (W. sinensis) *bis zu 20 m hoch.*

Hopfen (Humulus lupulus)*: mehrjährig; bis 10 m hoher, sehr rasch wachsender Schlinger; die zweihäusige Pflanze entwickelt an weiblichen Exemplaren im Spätsommer attraktive Dolden.*

Japanischer Hopfen (Humulus scandens)*: ähnlich wie Echter Hopfen, wächst aber nur einjährig; gut für rasche Begrünung.*

Jelängerjelieber, Geißblatt (Lonicera caprifolium)*: mehrjährig; bis 5 m hoher Schlinger mit gelblich weißen, duftenden Blüten; andere Lonicera-Arten* (L. telmanniana, L. x heckrottii und L.-Hybriden) *eignen sich ebenfalls.*

Kletterrose (Rosa spec.)*: mehrjährig; je nach Sorte entwickelt der Spreizklimmer bis 5 m lange Triebe; so genannte Rambler-Rosen erreichen auch eine Höhe von 9 m und mehr. Einmal blühende Sorten schmücken sich im Frühsommer mit Blüten, öfter blühende bringen bis zum Herbst immer wieder*

neue Blüten hervor, wenn Verblühtes gleich ausgeschnitten wird. Einige Sorten wie 'Gloire de Dijon' (pfirsichfarben)*, 'Mme Alfred Carrière'* (cremeweiß) *und 'Golden Showers'* (gelb) *eignen sich auch für geschützte Nordseiten und sind öfter blühend.*

Strahlengriffel (Actinidia arguta, A. kolomikta)*: mehrjährig; mit der Kiwipflanze verwandte, 2 bis 3 m* (A. kolomikta) *bzw. bis 8 m hohe Blattschmuckpflanze; die Früchte von* A. arguta *sind essbar.*

Trompetenblume (Campsis radicans)*: mehrjährig; der bis 10 m hohe Wurzelkletterer bringt von Juli bis September aparte Büschel orangeroter Trompetenblüten hervor. In rauen Lagen braucht die Pflanze Winterschutz.*

Waldrebe (Clematis spec.)*: mehrjährig; die rankenden Arten und Sorten werden zwischen 1, 5 und 6 m, starkwüchsige Arten sogar bis 20 m hoch. Je nach Art erscheinen im Frühsommer oder im Spätsommer attraktive Blüten in Weiß, Rosa, Blauviolett oder Purpur, manche blühen auch kontinuierlich vom Frühsommer bis zum Herbst.*

Weinrebe, Echter Wein (Vitis vinifera)*: mehrjährig; der Rankenkletterer erreicht Höhen bis 9 m. Auf die unscheinbaren Blüten im Juni folgen essbare, schmackhafte Beeren. Inzwischen gibt es Sorten, bei denen die Früchte auch in rauen Lagen und in Norddeutschland ausreifen, so etwa 'Solara'* (blau)*, 'Romulus' und 'Aurora'* (beide weiß)*. Die Pflanzen müssen regelmäßig, auch während der Wachstumssaison, zurückgeschnitten werden.*

Wilder Wein (Parthenocissus quinquefolia)*: mehrjährig; der rasch wachsende Ranker wird bis 15 m hoch und bezaubert vor allem im Herbst durch seine attraktive Blattverfärbung. Auf unscheinbare Blüten im Juli/*

August folgen kleine, blauschwarze, ungenießbare Beeren.

Winterjasmin (Jasminum nudiflorum): *mehrjährig;* der bis 4 m hohe Spreizklimmer muss aufgebunden werden. Die gelben, an Forsythien erinnernden Blüten erscheinen ab November bis ins Frühjahr hinein.

Zierkürbis (Cucurbita pepo): *einjährig;* die Wärme liebenden Zierkürbissorten werden im Freiland ab Mai oder in Vorkultur ab April ausgesät und erreichen eine Höhe von 3 m. Neben dem großen, attraktiven Laub erfreuen sie mit hübschen kleinen, nicht zum Verzehr geeigneten Kürbissen, die ausgereift auch getrocknet werden können.
Auch an Nordwänden und absonnigen Standorten, die nur wenige Stunden Sonnenlicht erhalten, fühlen sich Kletterpflanzen wohl:

Efeu (Hedera helix): *mehrjährig;* je nach Art erreicht der Wurzelkletterer Höhen zwischen 1, 5 und 25 m. Die immergrünen Pflanzen blühen im Spätsommer und schmücken sich im Winter mit nicht essbaren, blaugrünen Beeren. Sorten mit weißbunten Blättern sind weniger robust als solche mit grünen.

Immergrünes Geißblatt (Lonicera henryi): *mehrjährig;* der bis 4 m hohe, immergrüne Schlinger hat im Juni/Juli gelbrote Blüten, wird aber eher wegen des Laubes gepflanzt.

Jungfernrebe (Parthenocissus tricuspidata): *mehrjährig;* der rasch wachsende, rankende Haftwurzler erreicht Höhen bis 12 m und mehr. Vor allem wegen des frischgrünen Laubes gepflanzt, das im Herbst flammend rot wird; wächst auch an sonnigen Wänden.

Kletterhortensie (Hydrangea petiolaris, Schizophragma hydrangeoides): *mehrjährig;* der bis 7 m hohe, langsam wachsende Wurzel-

kletterer entwickelt im Juni/Juli an vorjährigen Trieben tellerförmige Schirmrispen mit cremeweißen Blüten und verträgt auch Sonne.

Kletterspindel (Euonymus fortunei var. radicans): *mehrjährig;* im Alter bilden die langsam wachsenden, bis 5 m hohen Sträucher Haftwurzeln aus. Auf grünlich gelbe Blüten im Frühsommer folgen grün-orange, nicht essbare Früchte. Schön sind auch Sorten mit weißbunten oder gelbbunten Blättern wie 'Gracilis' oder 'Silver Queen'.

Pfeifenwinde (Aristolochia macrophylla): *mehrjährig;* bis 10 m hoher, rasch wachsender Schlinger mit attraktiven, sehr großen Blättern und im Sommer eher unscheinbaren, gelbgrünen Blüten. Die Pflanzen, die auch sonnige Standorte vertragen, gedeihen nur in milden Lagen.

Schlingknöterich (Fallopia aubertii): *mehrjährig;* bis 10 m hoher, rasch wachsender Schlinger; von August bis zum Herbst weißgrüne Blüten.

Schlingknöterich

Waldrebe

die Mauer bzw. die eigentliche Rankhilfe leiten. Mehrtriebige Pflanzen werden aufgefächert, damit sie sich schön entfalten. Während des Wachstums wird regelmäßig gegossen und gelegentlich mit organischem Dünger (Kompost oder Hornspänen) gedüngt. Junge Triebe bindet man mit weichen Schnüren aus Naturmaterial (Bast, Sisal) locker an der Rankhilfe an. Treten Schädlinge (z. B. Blattläuse) oder Krankheiten (vor trockenen Mauern vor allem Echter Mehltau) auf, sollten diese sofort nach dem Entdecken bekämpft werden, da sie die Pflanzen

Als Spalier erzogene Obstgehölze verbinden das Schöne mit dem Nützlichen.

> **TIPP** Es müssen nicht immer rankende und kletternde Pflanzen sein, wenn man die Fassade begrünen möchte. Warum nicht mal Spalierobst an der Hauswand ziehen? Ein in Fächerform erzogener Aprikosen-, Birn- oder Apfelbaum schmückt nicht nur mit seinem attraktiven, architektonischen Aufbau, sondern verwöhnt im Frühjahr auch mit duftenden Blüten und zur Erntezeit mit leckeren Früchten! Am besten gelingt die Erziehung, wenn man noch junge, auf schwach wachsenden Unterlagen veredelte Gehölze pflanzt. Ausgehend vom Mitteltrieb bindet man die Horizontaläste entweder fächerartig gespreizt oder in mehreren Stufen übereinander an einige Zentimeter vor der Wand waagerecht gespannten Drähten oder einem wetterfesten Holzspalier an. Ein alljährlicher Erziehungsschnitt sorgt dafür, dass der lebendige Fassadenschmuck nicht aus der Fasson gerät.

schwächen oder sogar zum Absterben bringen. Bei einjährigen Kletterpflanzen werden nur Verblühtes oder unerwünschte Triebe ausgeschnitten. Mehrjährige Kletterpflanzen, die an diesjährigen (jungen) Trieben blühen wie Kletterrosen, Trompetenblume oder Geißblatt, schneidet man im Spätwinter zurück. Solche, die an vorjährigen Trieben blühen wie Blauregen oder Kletterhortensie, schneidet man gleich nach der Blüte zurück. Im Herbst muss man auf Falllaub achten, das Dachrinnen und Regenfallrohre verstopfen kann. Sehr wüchsige Klettermaxen wie Efeu oder Wilder Wein schaffen es auch, Dachpfannen anzuheben, und müssen rechtzeitig in ihre Schranken verwiesen werden.

Die schönsten Kletterpflanzen für Kübel

Deutscher Name Botanischer Name	Höhe in m	Blütezeit (Monat) Blütenfarbe	winterhart	Besonderes
Duftwicke (*Lathyrus odoratus*)	2–3	VI–IX weiß, rosa, blau	nein	duftender Dauerblüher
Efeu (*Hedera helix*)	Je nach Sorte 1,5–25	unspektakulär, im Spätsommer/Herbst	ja	schwach wachsende Sorten wählen
Feuerbohne (*Phaseolus coccineus*)	5–6	VII–VIII feuerrot	nein	junge Schoten sind essbar
Glockenrebe (*Cobaea scandens*)	5–6	VII–X blauviolett, auch weiß	nein	reichlich düngen und gießen
Kanarenkresse (*Tropaeolum peregrinum*)	2–2,5	VI–IX gelb	nein	filigraner Dauerblüher
Kapuzinerkresse (*Tropaeolum majus*)	3–4	VI–IX gelborange, auch braunrot	nein	auf kletternde Sorten achten
Kletter-Löwenmaul (*Maurandya barclayana*)	2–3	VI/VII–X dunkel violett oder weiß	nein	braucht viel Sonne
Kletter-Nachtschatten (*Solanum jasminoides*)	2–3	VI–X weiß	nein	frostfrei überwintern
Kletterrose (*Rosa* spec.)	je nach Sorte 1,5–9	V/VI–X weiß, rosa, rot, gelb	ja	Zwergkletterrosen mit duftenden Blüten wählen
Kletterspindel (*Euonymus fortunei*)	1–5	im Frühsommer; unscheinbar	ja	anspruchslos und pflegeleicht
Mina-Prachtwinde (*Ipomoea lobata, syn. Quamoclit lobata*)	5–6	VI/VII–X aufblühend rot, dann gelb, später weiß	nein	interessanter Farbwechsel der Blüten
Prunkwinde (*Ipomoea purpurea*)	2–3	VII–IX blauviolett, auch weiß oder gestreift	nein	robusteste Windenart
Rosenkelch (*Rhodochiton atrosanguineus*)	2–3	VII–X blutrot	nein	kann frostfrei überwintert werden
Schwarzäugige Susanne (*Thunbergia alata*)	1–2	VI/VII–IX orange oder creme mit schwarzer Mitte	nein	vorgezogene Pflanzen kaufen
Trichterwinde, Kaiserwinde (*Ipomoea tricolor*)	3–4	VI/VII–I X weiß, himmelblau, auch rot	nein	viele schöne Zuchtsorten
Waldrebe (*Clematis* spec.)	je nach Sorte 1,5–20	je nach Sorte IV–IX weiß, rosa, blau, violett	ja	schwach wachsende Sorten wählen
Winterjasmin (*Jasminum nudiflorum*)	3–4	XII–III hellgelb	ja	Triebe müssen aufgebunden werden

Töpfe und Kübel richtig bepflanzen

In diesem Kapitel geht es um die richtige Bepflanzung von Töpfen und Kübeln. Wenn im Eingangsbereich offener Boden zum Bepflanzen knapp ist, kommt dem Gärtnern in Töpfen und Kübeln eine besondere Bedeutung zu. Damit Gewächse in dem begrenzten Lebensraum, den ein Pflanzgefäß ihnen bietet, wirklich optimale Bedingungen vorfinden, müssen verschiedene Faktoren berücksichtigt werden, etwa die Wahl des passenden Pflanzgefäßes, das geeignete Substrat und die richtige Pflanztechnik. Und auch nach dem Eintopfen brauchen die Pflanzen Zuwendung und fachgerechte Pflege, damit sie ihr schönes Aussehen bewahren können und gesund bleiben.

Eine Gruppe von Kübelpflanzen säumt den Weg zum Eingang. Sie helfen auch, Gartenräume zu gliedern und gegeneinander abzugrenzen.

Die Wahl des Pflanzgefäßes

Damit eine Pflanze sich in ihrem Topf wohl fühlt, muss das Verhältnis des Wurzelballens zum Pflanzgefäß entsprechend optimal sein. Der Durchmesser des Blumentopfes sollte beim Eintopfen stets fünf Zentimeter größer sein als der Wurzelballen. Im Zweifelsfall gilt: lieber zu groß als zu klein. Tief wurzelnde Pflanzen wie Rosen und viele Koniferen brauchen mindestens 50 Zentimeter tiefe Töpfe. Flachwurzler wie Kamelien und Rhododendren bevorzugen Pflanzgefäße, die eher breit als hoch sind.
Aussehen und Stil der Pflanzgefäße entscheiden darüber, ob eine Gestaltung optisch stimmig ist. Die Wahl des richtigen Materials und der besten Kübelform entscheiden ferner nicht nur darüber, ob die Pflanze gut aussieht, sondern auch, ob sie sich wohl fühlt, standfest ist und gut gedeiht. Eine breite Auswahl attraktiver Pflanzgefäße findet man zum Beispiel in jedem Baumarkt und Gartencenter.

Kunststoff

Ziemlich weit oben auf der Beliebtheitsskala stehen nach wie vor Pflanzgefäße aus Kunststoff. Inzwischen gibt es auch solche, die in Farbe und Dekor täuschend echt italienische Terrakottakübel nachahmen. Die größten Vorteile der Kunststoffgefäße sind ihr geringes Eigengewicht und ihre Pflegeleichtigkeit. Sie setzen kaum Patina an und lassen sich bei den ersten Frösten leicht ins Winterquartier tragen. Das geringe Gewicht kann aber auch ein Nachteil sein, denn bei Wind kippen sie schneller um als schwere Tonkübel. In den für Luft undurchlässigen Kunststofftöpfen kann sich Feuchtigkeit stauen, die Pflanzenwurzeln bekommen weniger Luft und bei sommerlicher Sonneneinstrahlung heizen sie sich stark auf.

Terrakotta – der Klassiker

Ganz gleich, ob glasiert oder unglasiert, mit oder ohne reliefartige Verzierungen – Pflanzgefäße aus Terrakotta, also hart gebranntem Ton, sind die Klassiker für alle Pflanzen, die in Töpfen kultiviert werden. Man unterscheidet zwischen normalen Tontöpfen und solchen aus besonders hart gebranntem Material, die schwer und feinporig sind und daher als frostfest gelten. Die beste Qualität kommt aus der Gegend des italienischen Städtchens Impruneta und hat ihren Preis. Soll die Gestaltung eines schönen Eingangs oder Vorgartens nicht nur kurzfristig bestechen, sondern für lange Zeit begeistern, dann lohnt sich die Investition in gute Qualität aber durchaus. Weniger edle Terrakottakübel erfüllen jedoch auch ihren Zweck, vor allem dann, wenn man die Pflanzen ohnehin frostfrei überwintert. Töpfe und Kübel aus gebranntem Ton haben viele Vorteile gegenüber Kunststofftöpfen: das hohe Eigengewicht sorgt für einen soliden Stand; durch die poröse Struktur des Tons können die Pflanzenwurzeln atmen, Feuchtigkeit kann verdunsten und dadurch im Sommer für einen Temperaturausgleich sorgen. Die mit der Zeit auf der Außenseite der Gefäße auftretende Patina entsteht durch das Austreten von Mineralsalzen und die Besiedelung durch Algen und Moose. Solche Alterungsspuren können sehr attraktiv wirken. Wer sich daran stört, kann die Töpfe gelegentlich davon befreien (siehe unten). Glasierte Gefäße haben ähnlich gute Eigenschaften wie

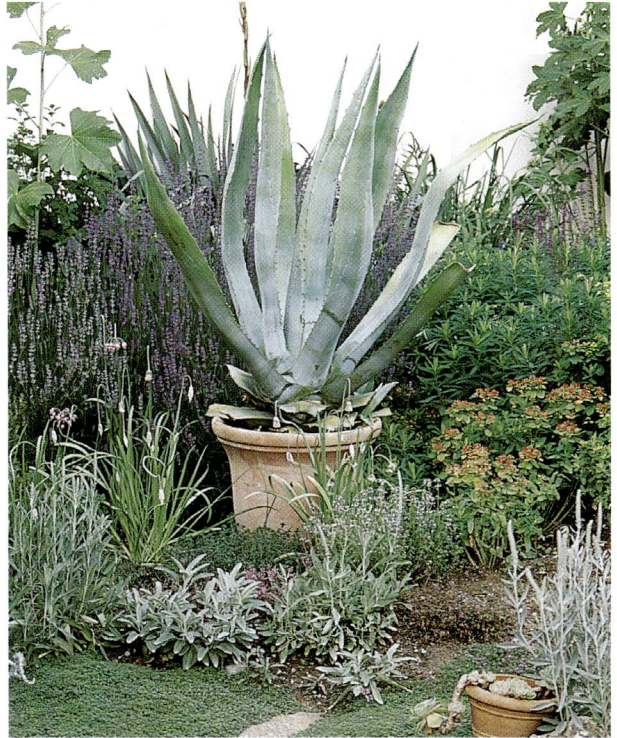

Zeitlos schön sind Pflanzgefäße aus Terrakotta. Sollen sie im Freien überwintern, wählt man frostfeste Qualitätsprodukte und winterharte Pflanzen.

unglasierte, sind aber nicht ganz so atmungsaktiv. Pflanzen, die empfindlich auf Staunässe reagieren, sollte man besser nicht in glasierte Gefäße setzen.

Andere Materialien

Kübel und Töpfe können auch aus anderen Materialien wie Holz, Gusseisen oder Zink sein. Auf eines sollte man aber immer achten: Damit keine Staunässe entsteht, müssen alle Pflanzgefäße ein Loch für den Abfluss überschüssigen Gießwassers am Boden haben. Wo dies nicht der Fall ist und ein nachträgliches Bohren solch eines Loches nicht möglich ist, hilft eine dicke Schicht Blähton (Tongranulat für die Hydrokultur) und entsprechend sparsames Gießen, damit die Wurzeln nicht faulen. Werden Untersetzer verwendet, damit die Pflanzgefäße keine Spuren auf dem Unter-

Hölzerne Pflanzkübel – hier mit Bleiwurz bepflanzt – halten länger, wenn man sie imprägniert oder lackiert.

TIPP *Bauchige Pflanzgefäße sehen sehr schön aus. Sie haben leider den Nachteil, dass man die darin kultivierten Pflanzen zum Umtopfen nur sehr schwer herauslösen kann. Bei einjährigen Sommerblumen ist das kein Problem, weil sie am Ende der Saison ohnehin weggeworfen werden. Mehrjährige Pflanzen setzt man besser nicht in bauchige Gefäße oder verwendet einen geraden Topf als Einsatz.*

grund hinterlassen, dann muss gelegentlich kontrolliert werden, ob sich Wasser darin staut.

Das richtige Substrat

Blumenerde für Töpfe und Kübel muss bestimmte Eigenschaften haben: Trotz guter Durchlässigkeit muss sie ausreichend Feuchtigkeit speichern, lebenswichtige Nährstoffe enthalten und je nach Pflanzenart den richtigen Säure- bzw. Kalkgehalt (pH-Wert) aufweisen. Damit die Kübel nicht zu schwer für den Transport werden, ist ein niedriges Volumengewicht vorteilhaft. Außerdem sollte sie strukturstabil sein, sodass sie nicht so rasch zusammensackt. Handelsübliche Fertigerden bestehen in der Regel aus einer Mischung aus Weißtorf und verschiedenen Zusätzen, etwa Sand, Lehm, Kies oder Tongranulat sowie einem Langzeitdünger. Besser sind Erden, die auf Torf verzichten und stattdessen Torfersatzprodukte wie Kokosfaser oder Rindenmulch verwenden. Neben Universal-Blumenerde, die man für alle Sommerblumen und die meisten anderen Gewächse verwenden kann, bietet der Fachhandel auch eine Reihe von Spezialerden an. Solche Kultursubstrate sind etwa für Zitruspflanzen empfehlenswert. Auch Rhododendren, Kamelien und Hortensien gedeihen in spezieller, leicht saurer Erde besser als in Einheitserde. Für mediterrane Kübelpflanzen gibt es Spezialerde, die besonders strukturstabil und durchlässig ist und so den Bedürfnissen dieser Pflanzengruppe entgegenkommt. Bei selbst gemischten Substraten verwendet man neben lehmiger Gartenerde und Sand meist reifen Kompost und Torf oder Torfersatzprodukte. Um keine Krankheitskeime, Unkrautsamen und Schädlinge einzuschleppen, empfiehlt sich die Sterilisierung der Eigenmischungen portionsweise im Backofen.

Eintopfen und Umtopfen

Mit »Eintopfen« bezeichnet man das Einsetzen von Pflanzen in ein Pflanzgefäß, mit »Umtopfen« das Umsetzen einer bereits in einem Topf wachsenden Pflanze in einen anderen, größeren Topf, weil die Wurzeln einer Pflanze den Erdballen im alten Topf ganz durchwachsen haben und das verbliebene Substrat keine Nährstoffreserven mehr birgt. In beiden Fällen geht man folgendermaßen vor:

- Das neue Pflanzgefäß muss einen mindestens fünf Zentimeter größeren Durchmesser aufweisen als der Wurzelballen der Pflanze. Gefäße aus Ton oder Terrakotta stellt man vor dem Bepflanzen möglichst eine Stunde in Wasser, damit sie sich voll saugen und nicht später den Pflanzenwurzeln das Wasser streitig machen.
- Damit überschüssiges Gieß- und Regenwasser ablaufen kann, muss der Topf mindestens ein Dränageloch am Boden haben. Damit kein Substrat ausgespült wird, bedeckt man das Loch mit einer Tonscherbe.
- Eine Lage Blähton, Tonscherben oder Kieselsteine auf dem Topfboden bilden eine gute Dränageschicht, die Staunässe zu vermeiden hilft. Ein wasserdurchlässiges Vlies verhindert, dass das Substrat in die Dränageschicht einsickert.
- Auf die Dränageschicht kommt eine Schicht Substrat (Blumenerde oder,

Mit dem richtigen Substrat gedeihen Kübelpflanzen optimal.

Vor dem Einsetzen wird der Wurzelballen vorsichtig gelockert (links).

Beim Eintopfen den Gießrand nicht vergessen (rechts)!

für bestimmte Arten wie Zitrus oder Kamelien, die jeweilige Spezialerde). Erst darauf werden die Pflanzen (oder Blumenzwiebeln bzw. -knollen) gepflanzt. Die Oberkante des Wurzelballens muss dabei etwa 2,5 cm unter dem Topfrand liegen. Auf keinen Fall darf sie darüber hinausragen. Beim Einsetzen der Pflanzen wird der Wurzelballen vorsichtig etwas aufgelockert. Verdichtete Wurzelballen können sonst nur schwer den neuen Topf erobern.

Rund um den Wurzelballen füllt man lockeres Substrat ein, sodass die Pflanze in der Topfmitte bleibt. Wenn das Substrat nicht bereits vorgedüngt ist, kann ein Langzeitdünger (Depotdünger) in Granulatform untergemischt werden. Ist

eine Stütze nötig (z. B. bei Hochstämmchen), wird sie jetzt eingesetzt, um den Wurzelballen später nicht zu »pfählen«. Bei größeren Pflanzgefäßen drückt man die Erde während des Einfüllens immer wieder etwas fest, damit keine Hohlräume entstehen. Man füllt so viel Erde in den Topf, bis der Wurzelballen gerade bedeckt ist, und drückt sie zum Schluss gut an. Ein verbleibender Gießrand von etwa 2,5 cm erleichtert später die Bewässerung.

Zum Schluss gießt man gründlich an. Bei großen Kübeln ist es aus Gewichtsgründen sinnvoll, sie erst an ihren endgültigen Standort zu bringen und dann anzugießen. Sehr große Kübel bepflanzt man am besten an Ort und Stelle, statt sie hin- und her zu transportieren.

▶ Saubere Töpfe für gesunde Pflanzen

Mineralische Ausblühungen, Kalkränder, Moos und Algen lassen manchen Tontopf und Terrakottakübel alt aussehen. Viele mögen diese Patina auf Pflanzgefäßen und züchten sie sogar durch mehrmaliges Bestreichen der Oberflächen mit verdünntem Joghurt. Aber nicht immer ist der »Antik-Look« erwünscht. Besonders, wenn die Gefäße mit grünen, glitschigen Algen bewachsen sind, ist es besser, diese zu entfernen. Auch wenn man schon einmal verwendete Gefäße aus Ton oder anderen Materialien erneut bepflanzen möchte, empfiehlt es sich, anhaftende Erdreste zuvor gründlich zu entfernen. In den Substratresten könnten sich Pilzsporen, Krankheiten und Schädlinge verbergen, die sofort auf die neuen Pflanzen übergreifen. Lose Verunreinigungen entfernt man einfach mit Wurzel- oder Drahtbürsten oder einem Topfreiniger. Heißes Wasser hilft, Krankheitskeime abzutöten. Größere Kübel kann man auch mit einem Hochdruckreiniger säubern. Auf chemische Algenentferner verzichtet man besser – sie könnten nicht nur die Algen vernichten, sondern auch die Topfpflanzen schädigen. Auf Nummer Sicher geht man, wenn man die Gefäße einen Tag lang in Essigwasser (300

Die Patina von größeren Kübeln lässt sich mit einem Hochdruckreiniger problemlos entfernen.

Milliliter Essigessenz auf zehn Liter Wasser) desinfiziert und anschließend mit klarem Wasser abwäscht. Nützlicher Nebeneffekt: Die Säure spült mineralische Ausblühungen sowie Moose und Algen aus dem Ton. Die Patina kann man auch entfernen, indem man die Gefäße eine Nacht lang in einen Eimer Wasser mit Kartoffelschalen legt.

Wässern und Düngen

Wasser und Nährstoffe nehmen die Pflanzen fast nur durch ihre Wurzeln auf. Eine ausreichende Versorgung mit diesen Ressourcen erfolgt bei eingetopften Pflanzen durch regelmäßiges Gießen und Düngen.
Um eine Über- bzw. Unterversorgung mit Wasser auszuschließen – die beide Stress für die Pflanzen bedeuten würden – befolgt man einige einfache Regeln:

Clever gießen

Beim Gießen in den frühen Morgen- und späten Nachmittagsstunden verdunstet weniger Wasser.

- Möglichst abgestandenes Wasser mit Umgebungstemperatur verwenden.
- Die Blätter und Blüten der Pflanzen möglichst nicht benetzen.
- Besser einmal gründlich gießen, als mehrmals nur die Erdoberfläche zu benetzen.

41

Großen Appetit auf Wasser und Dünger haben Tropenkinder wie Engelstrompete und Enzianstrauch *(Solanum rantonnetii).*

rasch zu Wurzelfäulnis und damit zu einem Totalverlust der Pflanzen führen kann.

- Bei häufiger Abwesenheit kann eine automatische Bewässerung nützlich sein.
- Pflanzen im Winterquartier werden sparsamer gegossen. Bei Laub abwerfenden Arten genügt es, wenn die Erde nur leicht feucht gehalten wird. Nasse Erde während der Winterruhe lässt die Wurzeln faulen.

Futter für die Pflanzen

Für die meisten Topf- und Kübelpflanzen genügt die regelmäßige Gabe flüssiger Universaldünger mit dem Gießwasser – in der Regel alle 14 Tage. Diese Dünger enthalten eine ausgewogene Mischung der Hauptnährstoffe Stickstoff (N), Phosphor (P) und Kalium (K) mit einer Beimischung verschiedener Spurenelemente.

Eine ähnliche Zusammensetzung haben so genannte Langzeit- oder Depotdünger; im Unterschied zu Flüssigdünger, der den Pflanzen sofort zur Verfügung steht (aber nicht lange vorhält), setzen sie die Nährstoffe nach und nach frei.

Langzeitdünger wird in fester Form (als Granulat oder Kegel) angeboten. Wird er beim Pflanzen unter das Substrat gemischt, braucht für einige Monate nicht mehr nachgedüngt zu werden. Manche Pflanzenarten, etwa Zitrus, Azaleen oder Kamelien brauchen Spezialdünger, die es im Fachhandel gibt. Beachtet man beim Dün-

- Eine Mulchschicht aus organischem Material oder Kieselsteinen vermindert die Verdunstung an der Gefäßoberfläche genauso wie die Unterpflanzung größerer Kübelpflanzen und Hochstämmchen mit Bodendeckern.
- Pflanzen mit ausgetrocknetem Wurzelballen taucht man so lange in einen Eimer mit Wasser, bis sie sich vollgesogen haben.
- In Untersetzern kann sich Wasser sammeln. Wird es nicht regelmäßig entleert, bildet sich Staunässe, die

gen einige einfache Regeln, kann man wenig falsch machen:

- Nach dem Ein- oder Umtopfen profitieren die Pflanzen von dem Dünger, der den meisten Fertigerden beigemischt ist. Die ersten zwei bis drei Wochen braucht nicht gedüngt zu werden.
- Flüssigdünger immer nach Hinweisen der Hersteller verdünnen und anwenden. Niemals pur verabreichen!
- Bei der Verwendung von Trockendünger diesen leicht in die obere Bodenschicht einarbeiten und anschließend gleich wässern.
- Flüssigdünger wird in der Regel 14-tägig verabreicht. Wenn man immer am gleichen Wochentag düngt, kann man sich den letzten Düngetermin besser merken.
- »Vielfraße« wie Indisches Blumenrohr, Engelstrompeten und andere Nachtschattengewächse düngt man wöchentlich.
- Die Methode »viel hilft viel« ist kontraproduktiv. Sie führt nur zur Überdüngung der Erde und nicht zu besserem Wachstum oder üppigerer Blüte. Im schlimmsten Fall »verbrennen« die Pflanzenwurzeln bei zu reichlichen Düngergaben und die Pflanzen gehen ein.
- Für die Überwinterung vorgesehene Pflanzen ab August nicht mehr düngen, damit die jungen Triebe aushärten und widerstandsfähiger werden.

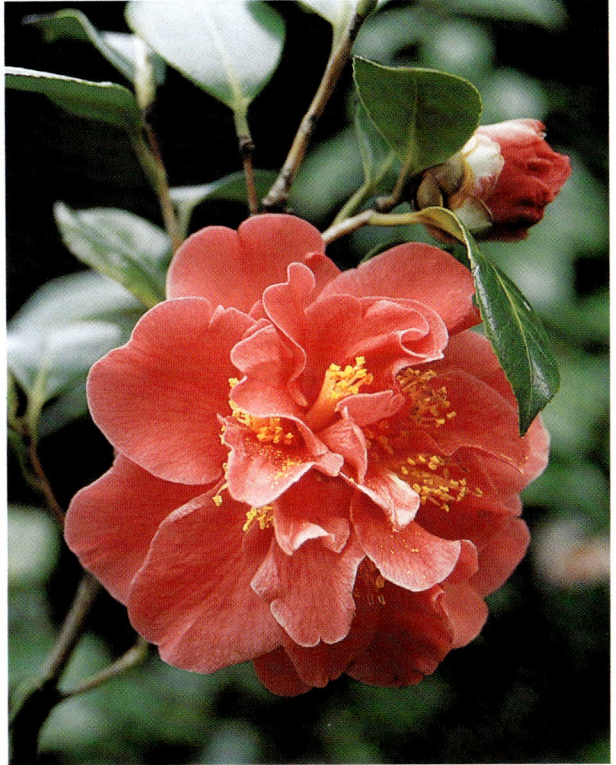

- Pflanzen im Winterquartier werden normalerweise nicht gedüngt, da sie die dargebotenen Nährstoffe nicht verwerten können.
- Pflanzen, die keine Winterruhe halten wie z. B. Immergrüne (Koniferen, Buchsbaum), brauchen auch im Herbst und Winter Dünger, allerdings in schwächerer Verdünnung.
- Vermeiden Sie jeden direkten Hautkontakt mit Düngemitteln, um eventuelle allergische Reaktionen zu verhindern.

Kamelien brauchen sauer wirkenden Spezialdünger, der nach der Blüte verabreicht wird.

43

Schädlinge wie Blattläuse (oben) oder Rosenrost (rechts) an den Pflanzen können die Freude an den schönsten Blüten beeinträchtigen.

Feinde des Gärtners

Krankheiten und Schädlinge können jede Pflanze befallen und schädigen. Werden keine Gegenmaßnahmen ergriffen, kann das im schlimmsten Fall zum Verlust der Pflanzen führen. Es hilft nur kurzfristig, nach Pflanzenschutzmitteln zu greifen; auf Dauer hilft eine Fehleranalyse, die Ursachen zu erkennen und günstigere Bedingungen für die Pflanze zu schaffen. Oft sind Pflegefehler oder ein falscher Standort verantwortlich – Umstände, die meistens leicht abgeändert werden können und für die Zukunft gesunde Pflanzen versprechen. Beim Einsatz von Pflanzenschutzmitteln

gegen Schädlinge wie Blatt-, Woll- und Schildläuse oder gegen Krankheiten wie Mehltau, Rosenrost oder Sternrußtau dürfen nur vom Bundesumweltamt zugelassene Präparate verwendet werden. Am wenigsten schädigt man sich und die Umwelt mit biologischen Pflanzenschutzmitteln, die Nützlinge schonen. Manchmal ist es übrigens günstiger und verspricht raschere Ergebnisse, wenn kranke Pflanzen einfach gegen gesunde ausgetauscht werden. Denn wer möchte seine Gäste schon am Eingang mit verlausten, verpilzten und kränkelnden Pflanzen begrüßen?

Aber Achtung: Neue Pflanzen dürfen nur in Töpfe gepflanzt werden, die zuvor gründlich gereinigt und desinfiziert wurden, damit die Krankheitsverursacher nicht gleich wieder zuschlagen können!

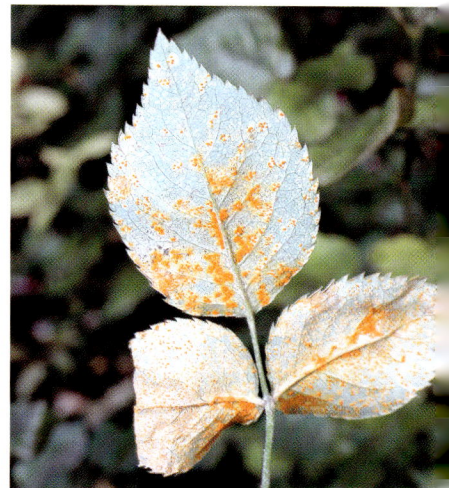

Blüten und Duft für einen sonnigen Vorgarten

Sonnige Vorgärten sind wie geschaffen für bunte, duftende Blütenträume – hier gedeiht einfach alles gut. Voraussetzung ist natürlich ein nährstoffreicher Boden und ausreichende Bewässerung in trockenen Perioden. Auch Rasen gedeiht in sonnigen Vorgärten besser als im Schatten. Man sollte aber nur dann Rasenflächen in die Planung mit einbeziehen, wenn die zur Verfügung stehende Fläche ausreichend groß ist. Ein handtuchgroßes Rasenstück vor dem Haus sieht nicht nur etwas kleinlich aus, sondern macht auch im Verhältnis zum Ergebnis viel zu viel Aufwand beim Mähen.

TIPP Mit an die Beeträder und in den Rasen gesetzten Blumenzwiebeln wie Krokussen, Schneeglöckchen und Blausternchen kann schon das zeitige Frühjahr mit Blüten aufwarten!

In unserem Beispiel entsteht mit einem Kiesweg und einem weißen Holzzaun, der den Vorgarten einfriedet, ein heiteres Landhausgärtchen. Die Auswahl der Pflanzen konzentriert sich auf wenige Arten, die farblich und von der Blütezeit her gut miteinander harmonieren. Das Schauspiel beginnt im April, wenn die an der Hauswand gezogene Glyzine

(Japanischer Blauregen) mit duftenden, blauvioletten Blütentrauben bezaubert. Ende Mai schließt sich die Rosenblüte daran an. Sowohl die weiße Strauchrose 'Schneewittchen' wie auch die etwa 70 cm hohe, zartrosa blühende Bodendeckerrose 'The Fairy' blühen den ganzen Sommer über bis zum ersten Frost, wenn man Verblühtes regelmäßig ausschneidet. Im

'Schneewittchen' ist eine der beliebtesten weißen Rosen und blüht bis zum ersten Frost.

Blüten und Duft für einen sonnigen Vorgarten

1 Buchsbaum (*Buxus sempervirens*)
2 Storchschnabel (*Geranium sanguineum* 'Prostratum')
3 Lavendel (*Lavandula* 'Hidcote Blue'; dunkelblau)
4 Moschusmalve (*Malva moschata*; rosa)
5 Katzenminze (*Nepeta x faassenii*)
6 Kugelrobinie (*Robinia pseudoacacia* 'Umbraculifera')
7 Strauchrose (*Rosa* 'Schneewittchen'; weiß)
8 Bodendeckerrose (*Rosa* 'The Fairy'; rosa)
9 Ziersalbei (*Salvia nemorosa* 'Mainacht'; nachtblau)
10 Japanischer Blauregen (*Wisteria floribunda*)

Sommer muss der Lavendel nach der Blüte kräftig zurückgeschnitten werden, damit er nicht aus der Fasson gerät. Getrocknet kann man die Blüten in duftende Kräuterkissen füllen. Das Gleiche gilt für die den Eingang flankierenden Buchskugeln, die ebenfalls im Sommer getrimmt werden. Die als Hochstämmchen wachsenden Kugelrobinien bleiben ganz von allein in Form. Werden sie allerdings nach einigen Jahren zu dominant, muss auch hier gelegentlich mal die Schere angesetzt werden.

Attraktive Gestaltung eines schattigen Eingangsbereiches

In schattigen Vorgärten wollen viele Pflanzen nicht so richtig gedeihen, der Rasen vermoost und Blüten bekommen Seltenheitswert. Doch mit der richtigen Pflanzenauswahl und ein paar pfiffigen Gestaltungsideen kann man auch schattigen Vorgärten viel abgewinnen. Dort gedeihen zum Beispiel viele attraktive Blattschmuckpflanzen, immergrüne Ziergehölze, Farne und Gräser. Und Blütenpracht gibt es im Schatten auch nicht zu knapp: Einige der wertvollsten Gartengehölze mit den attraktivsten Blüten fühlen sich gerade an schattigen Standorten besonders wohl. Dazu gehören Kamelien, Rhododendren und Hortensien. Zahlreiche Schattenstauden und immergrüne Bodendecker wie Dickmännchen oder Efeu stellen eine attraktive Alternative zu Rasenflächen und Sommerblumen dar. Besonders dunkle Ecken können durch raffinierte Inszenierungen aufgehellt und interessant gemacht werden:

Die Kamelien-Hybride 'Debbie' ist zuverlässig frosthart bis −18 °C. Ein Winterschutz ist dennoch empfehlenswert.

TIPP *Viele Gärten liegen nicht ganzjährig im Schatten. Oft gelangt im Frühjahr, bevor die Bäume sich belauben, reichlich Sonne in den Vorgarten – ideale Bedingungen für Zwiebelpflanzen wie Narzissen, Krokusse und Schneeglöckchen, die im zeitigen Frühjahr blühen und den Rest des Jahres im Boden schlummern!*

Ausgediente Spiegel, die zwischen den Pflanzen aufgestellt oder an die Hauswand gelehnt werden, reflektieren das Licht und suggerieren zugleich einen größeren Garten. Auch Pflanzen mit weißen Blüten oder weißbuntem Laub bringen Licht in dunkle Vorgartenbereiche.
Der nebenstehende Pflanzplan zeigt einen kleinen, schattigen Vorgarten, der trotz der scheinbar widrigen Umstände zu einem eleganten Schmuckstück geworden ist. Ein großer, alter Holunderbusch bestimmt den Ein-

47

Schattiger Eingangsbereich

1 Herbstanemone (*Anemone x hybrida* 'Honorine Jobert'; weiß)
2 Waldgeißbart (*Aruncus dioicus*)
3 Prachtspiere (*Astilbe*-Arendsii-Hybride 'Brautschleier'; weiß)
4 Bergenie (*Bergenia*-Hybride 'Baby Doll'; rosa)
5 Buchsbaum (*Buxus sempervirens*)
6 Winterharte Kamelie (*Camellia*-Hybride 'Debbie'; pink)
7 Weißrandfunkie (*Hosta undulata* 'Albomarginata')
8 Ballhortensie (*Hydrangea arborescens* 'Annabelle'; weiß)
9 Dickmännchen (*Pachysandra terminalis*)
10 Kirschlorbeer (*Prunus laurocerasus* 'Rotundifolia')
11 Rhododendron (*Rhododendron*-Hybride 'Cunningham's White'; weiß)
12 Schwarzer Holunder (*Sambucus nigra*)
13 Lebensbaum (*Thuja occidentalis*)

gangsbereich, die den mit Klinkerpflaster befestigten Weg begleitenden Rabatten sind mit Dickmännchen als Bodendecker und einigen Schattenstauden bepflanzt, die zu unterschiedlichen Jahreszeiten blühen. Den Eingang flankieren immergrüne, streng in Kugelform geschnittene Buchsbäumchen. An die Mauer zum Nachbargrundstück wurde ein ausrangierter Garderobespiegel gehängt, der eine winterharte Kamelie, das Prunkstück des Vorgartens, spiegelt und Lichteffekte erzeugt. Als zusätzliches Plus darf verbucht werden, dass der Vorgarten relativ pflegeleicht ist.

Hanging Baskets:
Überbordende Fülle für eine Saison

Früher nannte man an Schnüren oder Ketten aufgehängte Pflanzgefäße einfach Ampeln. Sie wurden meist mit einer Sorte hängend wachsender Pflanzen wie etwa Fuchsien oder Petunien bestückt und zierten den Sommer über Balkone und Terrassen. Aus England kam in jüngerer Zeit eine weiterentwickelte Form zu uns, bei der das Pflanzgefäß nicht nur von oben, sondern auch durch seitliche Öffnungen mit üppiger Blütenpracht bestückt wird. Das ermöglicht mehr Fülle und bei geschickter Bepflanzung verschwindet das weitmaschige Pflanzgefäß fast völlig unter dem Blumenschmuck. Diese dekorativen Hängekörbe eignen sich besonders gut für die Verschönerung von Hauseingängen, weil sie wenig Platz brauchen, niemandem im Weg stehen und die Blütenpracht auf Augenhöhe bringen. Die Engländer nannten diese Art Ampel wegen ihres korbartigen Charakters einfach »Hanging Basket« (= Hängender Korb). Diese Bezeichnung hat sich auch bei uns eingebürgert. Die für Hanging Baskets benötigten Pflanzkörbe aus Metall oder Kunststoff bekommt man inzwischen überall im Gartenfachhandel, ebenso die dazu passenden Filz-, Moos- oder Torfmatten, mit denen man die Pflanzkörbe auspolstert. Man kann den Korb aber auch mit Jutegewebe auskleiden. Die durchlässigen Matten verhindern, dass Erde aus den weitmaschigen Körben rieselt oder beim Gießen ausgespült wird. Dennoch bekommt die Erde aber Luft und über-

Die Mini-Petunien haben den „Hanging Basket" vollständig erobert.

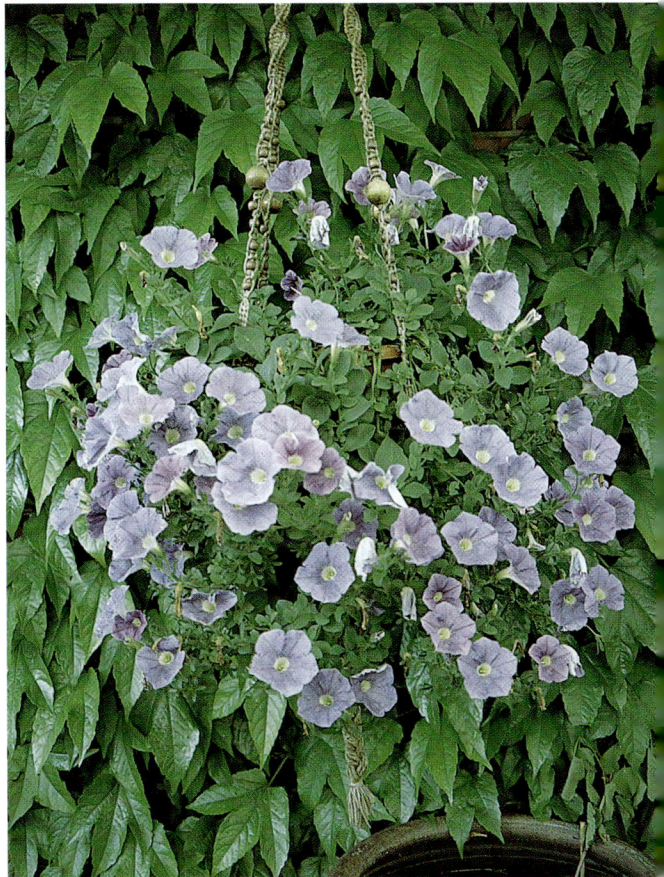

schüssiges Gießwasser kann ablaufen. Kunststofffolie eignet sich nicht zum Auskleiden der Körbe, da die Pflanzenwurzeln darin rasch zu faulen beginnen.

Geeignete Pflanzen

Zum Bepflanzen eignen sich fast alle bekannten Balkonblumenarten, vor allem aber solche mit leicht überhängendem Wuchs. Dauerblüher mit zahlreichen kleinen Blüten wie Blaues Gänseblümchen, Zweizahn oder Zauberglöckchen sind ideal für die seitlichen Pflanzschlitze. Für die Mitte der Korboberfläche eignen sich aufrechte Vertreter von Fuchsien, Pelargonien oder Pantoffelblumen. Stark wachsende Sorten wie Surfinia®-Petunien oder Kapuzinerkresse sind nur bedingt verwendbar und sollten während der Saison eventuell mehrfach zurückgeschnitten werden. Es müssen aber nicht immer nur blühende

Schönheiten sein – Blattschmuckpflanzen wie Lakritzkraut oder Pfennigkraut (besonders schön die ist goldgelbe Sorte 'Goldilocks') geben dem Ensemble Charakter und Struktur. Auch Kombinationen mit mediterranen Kräutern wie Thymian, Bohnenkraut oder Basilikum sind eine pfiffige Idee. Und für Naschkatzen kann man auch schon mal einen ganzen Hanging Basket nur mit leckeren Hänge-Erdbeeren (z. B. die Sorten 'Temptation' oder 'Baldur') oder aromatischen Mini-Tomaten (z. B. 'Balkonstar' oder 'Tumbler') bepflanzen.

So einfach ist das Bepflanzen

Folgendes Material wird benötigt:
- ein spezieller Korb aus Metall oder Kunststoff mit ausreichend großen Löchern
- Moos-, Torf- oder Filzmatten oder Jutegewebe zum Auspolstern

Auskleiden des Pflanzkorbes.

Einfüllen der Erde.

Untermischen von Düngegranulat.

- hochwertige, vorgedüngte Balkon-blumenerde
- granulierter Depotdünger
- hängend bzw. rankend wachsende Arten für die seitliche Bepflanzung
- aufrecht wachsende Arten für die Bepflanzung der Korboberfläche

Diese Werkzeuge erleichtern die Arbeit:
- eine Schere zum Zurechtschneiden der Matten
- ein scharfes Messer zum Ein-schneiden von Pflanzschlitzen
- einige Bogen Papier
- ein ausreichend großer Eimer oder Blumentopf als stabiler Arbeits-sockel
- eine Gießkanne zum Angießen des bepflanzten Korbes

Und so wird's gemacht
Man legt alle benötigten Materialien und Werkzeuge bereit, damit die

Arbeit nicht ständig unterbrochen werden muss. Als Erstes setzt man den unten gewölbten Korb auf einen Eimer oder Blumentopf; so ist das Be-füllen und Bepflanzen wesentlich ein-facher. Die Matten zum Auspolstern schneidet man so zurecht, dass der gesamte Korb bis knapp unterhalb des Randes damit ausgekleidet wer-den kann. Wenn gestückelt werden muss, sollten sich die einzelnen Mat-tenteile großzügig überlappen. Dann füllt man die Erde bis etwa zur Hälf-te oder bis zu zwei Drittel der Korb-höhe ein, mischt etwas granulierten Depotdünger unter und drückt sie gut an.
Jetzt werden die Pflanzen eingesetzt, die seitlich aus dem Korb heraus-wachsen sollen. Dazu schneidet man an der entsprechenden Stelle mit ei-nem scharfen Messer einen Schlitz in die Matte. Ein Stück Papier wird um den Wurzelballen einer Pflanze zu

Seitliche Pflanzschlitze anbringen. **Bepflanzen der Seiten.** **Bepflanzen der Oberfläche.**

▶ **Pflanzen für Hanging Baskets**

H = hängend, A = aufrecht)

Blaue Mauritius (*Convolvulus sabaticus*) H
Blaues Gänseblümchen (*Brachyscome multifida*) A
Duftsteinrich (*Lobularia maritima*) H
Eisenkraut (*Verbena* 'Tapien') H
Elfenspiegel (*Nemesia*-Hybriden) H
Elfensporn (*Diascia*-Hybriden) H
Fächerblume (*Scaevola aemula*) H
Feuer-Salbei (*Salvia splendens*) A
Fleißige Lieschen (*Impatiens walleriana*-Hybriden) A

Fuchsien (*Fuchsia*-Hybriden) H + A
Hänge-Löwenmäulchen (*Antirrhinum pendula*) H
Hornveilchen (*Viola cornuta*) A
Husarenknöpfchen (*Sanvitalia*) A
Lakritzkraut (*Helichrysum petiolare*) H
Männertreu (*Lobelia erinus*) H
Pantoffelblume (*Calceolaria*-Hybriden) A + H
Pelargonien, Geranien (*Pelargonium*-Hybriden) H + A
Petunien (*Petunia*-Hybriden) H
Pfennigkraut (*Lysimachia nummularia*) H
Schneeflockenblume (*Sutera diffusa*) H
Weihrauchpflanze, Mottenkönig (*Plectranthus*) H

einem spitzen Tütchen gedreht. So lässt sich der Wurzelballen bequem von außen durch die Masche des Korbes und die eingeschlitzte Matte ziehen. Der Ansatz des Wurzelhalses muss im Korb verschwinden.
Wenn alle Pflanzen richtig positioniert sind, werden die Papiertütchen entfernt und mit Depotdünger gemischte Erde aufgefüllt. Je nach Größe bzw. Tiefe des Korbes kann eine zweite Etage seitlich herauswachsender Pflanzen eingefügt werden. Man achtet dann jedoch darauf, dass die Pflanzen etwas versetzt zueinander positioniert werden. Sind die Seiten des Korbes mit Pflanzen bestückt, wird der Korb bis zwei Finger breit unter den Rand mit Erde aufgefüllt. Die letzte Erdschicht sollte ausreichend tief sein, um die Wurzelballen

der Pflanzen aufzunehmen, die abschließend auf der Korboberfläche gesetzt werden. Für eine bessere Wirkung pflanzt man die hohen Arten in die Mitte des Korbes, niedrige oder überhängende Arten weiter an den Rand.
Schließlich werden drei reißfeste Schnüre oder Ketten zum Aufhängen am Korb angebracht. Beim Befestigen des fertig bepflanzten Korbes achtet man darauf, dass nichts reißen kann und auch die Befestigung des Hakens in der Wand ausreichend stabil ist. Bei Wind muss der Korb schwingen können, ohne dabei etwas zu beschädigen. Hängt der Korb an Ort und Stelle, wird gründlich angegossen. Während der Saison gießt und düngt man regelmäßig und kneift Verblühtes aus, um neue Blüten zu fördern.

Tolle Knolle – Zwiebelblumen für Töpfe und Kästen

Schon ganz früh im Jahr kann man mit Zwiebelblühern in Töpfen und Schalen Farbe in den Vorgarten und sogar direkt vor die Haustür zaubern. Krokusse, Narzissen, Hyazinthen und andere Frühaufsteher aus dem Reich der Blumenzwiebeln fühlen sich nicht nur in der Gartenerde wohl, man kann sie auch leicht in Pflanzgefäßen kultivieren und so dem Frühling auf die Sprünge helfen. Übrigens eignen sich auch sommerblühende Zwiebel- und Knollenpflanzen wie Mignon-Dahlien, Topflilien, Knollenbegonien und indisches Blumenrohr für die Be-pflanzung von Töpfen und Kübeln. Für sommerlichen Blumenschmuck werden diese Knollen und Zwiebeln nach den letzten Nachtfrösten in die Töpfe gepflanzt.

Frühe Blütenpracht – selbst hervorgelockt

Vorgetriebene Blumenzwiebeln aus dem Handel verlangen weder eine vorausschauende Planung, noch machen sie viel Arbeit. Sie sind aber nicht gerade preiswert. Deshalb lohnt es sich, Töpfe und Schalen rechtzeitig im Herbst selbst mit Blumenzwiebeln

Obwohl Lilien ungeheuer kapriziös wirken, gedeihen sie völlig unproblematisch in ausreichend großen Kübeln (links).

Eine sehr aparte, noch viel zu selten gepflanzte Zwiebelpflanze: Sauerklee (*Oxalis tetraphylla*) (rechts).

zu bestücken. Die Pflanzgefäße können an geschützten Standorten im Freien überwintern – dann blühen die Zwiebeln zur normalen Zeit. Für eine besonders frühe Blüte kann man sie aber auch im Haus überwintern und damit zu einer besonders frühen Blüte verführen. Gut eignen sich alle niedrigen Sorten. Langstielige Blüten sehen in Töpfen und Schalen weniger schön aus und knicken außerdem leicht ab. Ideal sind Wildformen von Tulpen und Narzissen sowie alle kompakten Arten wie Blausternchen oder Krokusse. Man kann nach dem Motto »pro Topf eine Farbe« die Sorten separat pflanzen oder, was besonders geschickt ist, mehrere Arten in einem Topf kombinieren. Dann kommen hohe Arten natürlich in die Topfmitte, die niedrigeren gesellen sich am Rand hinzu. Ist noch genug Platz, können zur Blütezeit im Frühjahr bunt blühende Primeln, Hornveilchen oder Vergissmeinnicht in die Lücken gepflanzt werden.

Auf Lücke pflanzen

Damit sich niemand im Weg ist, pflanzt man die Blumenzwiebeln in mehreren Lagen jeweils in der vorgesehenen Pflanztiefe »auf Lücke«. Das bedeutet, dass große Zwiebeln wie die der Tulpen und Narzissen tief gepflanzt und in die Zwischenräume der Lagen darüber die kleinen Zwiebeln gesetzt werden. Im Freiland helfen eine Unterlage aus Styropor und ein warmer Mantel aus Sackleinen, Jute oder Noppenfolie um ein Durchfrieren der Töpfe zu verhindern. Die Oberfläche deckt man mit einer Lage Tannenreisig ab, bis die kälteste Zeit vorbei ist. Sobald sich im Frühjahr die ersten Spitzen aus der Erde schieben, wird das Reisig entfernt. Die Erde in den Töpfen darf nun nicht mehr austrocknen.

Verfrühte Blüte durch Antreiben

Die Blütezeit getopfter Zwiebeln lässt sich verfrühen, wenn man die im Herbst mit Zwiebeln bestückten Pflanzgefäße ab Januar in einem kühlen Kellerraum aufstellt und nach draußen ans Licht bringt, sobald sich die ersten Triebspitzen zeigen. Bei späten Frösten schützt ein Vlies die zarten Jungpflanzen oder man nimmt die Töpfe kurzfristig ins Haus.

Materialien und Werkzeuge zum Eintopfen von Blumenzwiebeln
- Ausreichend große Pflanzgefäße
- Eine Tonscherbe
- Dränagekies oder Blähton
- Vlies
- Blumenerde und Blumenzwiebeln der gewünschten Art und Menge
- Pflanzkelle

So einfach ist das Pflanzen von Blumenzwiebeln:
- Das Loch im Topfboden, durch das überschüssiges Gießwasser abziehen kann, wird mit einer Tonscherbe abgedeckt. So wird es nicht durch Erde verstopft.
- Eine etwa 3 cm tiefe Schicht aus gewaschenem Kies oder Blähton am Topfboden dient als Dränage. Ein Vlies verhindert, dass Erde in die Dränageschicht gespült wird.

> **▶ Blumenzwiebeln eintopfen**
>
> *Damit Blumenzwiebeln in Töpfen und Schalen üppig blühen, brauchen sie optimale Startbedingungen, unter anderem die richtige Pflanztiefe und genug Feuchtigkeit. Gepflanzt wird im Herbst, am besten zwischen Mitte September und Anfang November. Im Handel werden rechtzeitig zur Pflanzzeit Blumenzwiebeln angeboten; viele schöne Sorten kann man auch ab dem Spätsommer im Gartenversandhandel bestellen, damit die Ware rechtzeitig zur Pflanzzeit eintrifft.*

- Blumenerde wird bis zu der Höhe aufgefüllt, in der die unterste Lage Blumenzwiebeln gelegt wird. Zur Orientierung: Man pflanzt die Zwiebeln etwa zwei- bis dreimal so tief in die Erde, wie die Zwiebel hoch ist.
- Die Zwiebeln legt man mit der Spitze nach oben und dem Wurzelansatz nach unten in den Topf. Die Pflanzabstände der Zwiebeln zueinander dürfen etwas enger sein als beim Pflanzen im Garten, aber berühren sollten sich die Zwiebeln nicht.
- Mit Erde wird entweder bis zur nächsten Pflanzschicht (hier werden dann Zwiebeln kleinerer Arten »auf Lücke« in die Zwischenräume gepflanzt) oder bis knapp unterhalb des Topfrandes aufgefüllt, damit beim Gießen keine Erde überschwappen kann. Zum Schluss wird vorsichtig angegossen.

Mit Blumenzwiebeln ist es kinderleicht, den Frühling in Töpfe und Schalen zu zaubern.

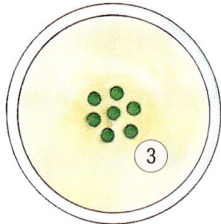

Untere Schicht
(10–15 cm tief)

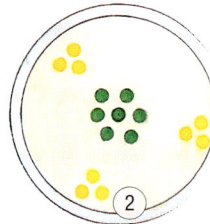

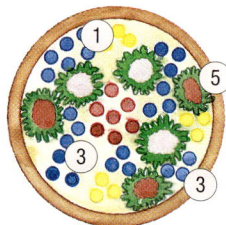

Mittlere Schicht
(8–10 cm tief)

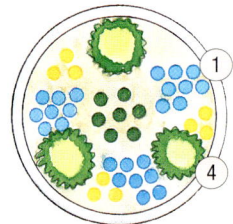

Obere Schicht
(5–10 cm tief)

Blau-weiß-gelber Frühlingsgruß:

1 Traubenhyazinthe (*Muscari armeniacum*)
2 Narzisse (*Narcissus cyclamineus* 'Tête-á-Tête')
3 Triandrus-Narzisse (*Narcissus triandrus* 'Thalia'; weiß)
4 Hornveilchen (*Viola cornuta* Sorbet F1-Hybride 'Lemon Chiffon'; gelb)

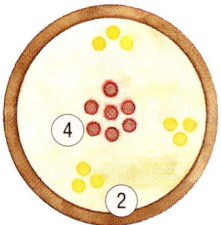

Untere Schicht
(10–15 cm tief)

Obere Schicht
(5–8 cm tief)

Fröhlich buntes Frühlingspotpourri

1 Maßliebchen, Tausendschön (*Bellis perennis*; rosa)
2 Narzisse (*Narcissus cyclamineus* 'Jetfire')
3 Blausternchen (*Scilla siberica*)
4 Tulpe (*Tulipa kaufmanniana* 'Showwinner'; rot)
5 Hornveilchen (*Viola cornuta* Sorbet F1-Hybride 'Antique Shades'; braunrot)

TIPP *Wer sich die Kombination verschiedener Blumenzwiebelarten nicht zutraut oder nach einer möglichst einfachen Lösung sucht, kann auf so genannte Pflanz-Trays aus dem Fachhandel zurückgreifen. Verschiedene Blumenzwiebeln für farblich abgestimmte Kombinationen sind in artgerechten Abständen in ein Tablett aus kompostierbarem Material verpackt. Tray einfach in den Topf, Kübel oder ins Beet eingraben, mit Erde bedecken und angießen – die Blütenpracht im nächsten Frühjahr ist garantiert!*

Buntes Frühlingspotpourri

Fast alle Zwiebelblumen eignen sich für bunte Topfarrangements, mit denen man im Frühjahr den Eingangsbereich schmücken kann. Besonders beliebt sind seit einigen Jahren Miniatur-Narzissen, z. B. die Sorten 'Tête-à-Tête' und 'Jetfire', Traubenhyazinthen (*Muscari*-Arten) und botanische Tulpenarten, weil sie durch ihre kompakte Größe auch gut für Töpfe geeignet sind, mit denen man Treppen, Fensterbänke und Mauervorsprünge schmücken kann.

Beim Stecken der Blumenzwiebeln immer auf die richtige Pflanztiefe achten, also große Zwiebeln tiefer legen als kleine. Wenn sich im Topf die ersten Triebspitzen zeigen, können frühlingsfrische Begleiter wie Hornveilchen, Maßliebchen, Miniaturstiefmütterchen oder Vergissmeinnicht dazu gepflanzt werden. Aber Vorsicht, damit die Wurzeln der Zwiebelpflanzen dabei nicht verletzt werden! Unsere Pflanzbeispiele zum Nachmachen zeigen zwei verschiedene Farbstimmungen für runde Schalen bzw. Kübel von etwa 40 cm Durchmesser.

Die Triandrus-Narzisse 'Thalia' trägt mehrere Blüten an jedem Stängel (links).

Das Hornveilchen 'Lemon Chiffon' ist ein fröhlicher Begleiter für Zwiebelpflanzen (rechts).

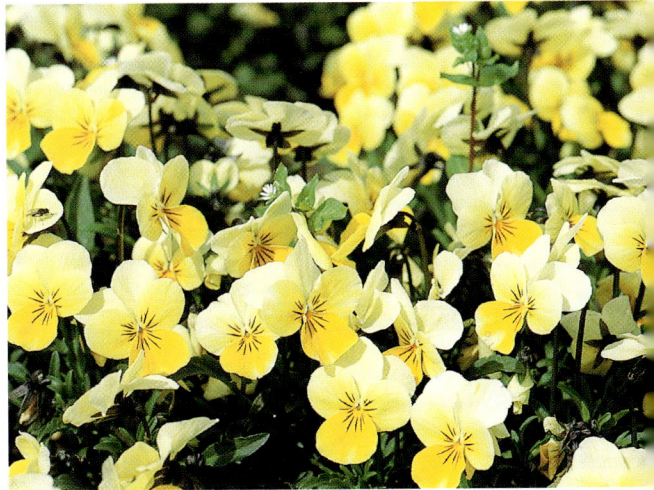

Sommer vor der Haustür

Kaum eine andere Pflanzengruppe bringt so unermüdlich so zahlreiche, herrliche Blüten hervor wie die einjährigen Sommerblumen und Beetpflanzen, die ab Mai überall als vorgezogene Jungpflanzen angeboten werden. Neben den Klassikern, darunter Geranien, Petunien und Fleißigen Lieschen, erfreuen sich auch ausgefallenere Arten wie Elfensporn (*Diascia*), Gauchheil (*Anagallis*) und Husarenknöpfchen (*Sanvitalia*) immer größerer Beliebtheit. Die Auswahl ist nahezu unbeschränkt und wird dank züchterischen Fleißes immer noch reichhaltiger. Weil die Bepflanzung nur für eine Saison halten muss, können jedes Jahr andere Kombinationen ausprobiert werden. Besonders apart ist eine Part-

nerschaft von aufrechten und hängenden Arten in einem Pflanzgefäß. Im Trend liegen in letzter Zeit übrigens nicht nur Pflanzen mit üppigen Blüten, sondern auch aparte Blattschmuckpflanzen wie Lakritzkraut (*Helichrysum petiolare*), Gundermann (*Glechoma*) und Weihrauchkraut (*Plectranthus*), die Struktur und Eleganz in die Arrangements bringen. Wir stellen zwei Beispiele vor, ein temperamentvolles in feurigen Farben für sonnige Standorte und ein elegantes in rosa-lila farbenen Harmonien, bei dem die Pflanzen sich auch im schattigen Eingangsbereich wohl fühlen. Beide sind für runde Pflanzgefäße von etwa 40 bis 50 cm Durchmesser und ausreichender Tiefe (mindestens 20 cm) gedacht.

Feurig leuchten die Blüten der Eisenkraut-Hybride 'Tapien rot'.

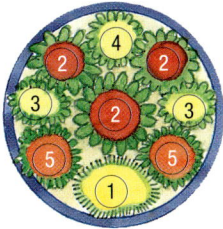

Sommerliche Kübelbepflanzung für sonnige Standorte

1 Zweizahn, Goldmarie (*Bidens ferrulifolia*)
2 Feuersalbei (*Salvia splendens* 'Johannisfeuer'; rot)
3 Husarenknöpfchen (*Sanvitalia procumbens*)
4 Studentenblume (*Tagetes erecta nana* 'Inca Yellow' F1-Hybride)
5 Eisenkraut (*Verbena* Tapien®-Hybride rot)

Sommerliche Kübelbepflanzung für schattige Standorte

1 Knollenbegonie (*Begonia x tuberhybrida* 'Non-Stop-Serie'; weiß)
2 Aufrechte Fuchsie (*Fuchsia*-Hybride)
3 Hänge-Fuchsie (*Fuchsia*-Hybride)
4 Weißbunter Gundermann (*Glechoma hederacea* 'Variegata')
5 Edellieschen (*Impatiens*-Neuguinea-Hybride; dunkelrosa)
6 Weißbunte Taubnessel (*Lamium maculatum* 'White Nancy')

Der Vorgarten im Winter

Verwaiste Beete, kahle Zweige – spätestens ab November wirkt der Garten kahl und verlassen. Mit Immergrünen und pfiffigen Dekorationsideen lässt sich der Grauschleier jedoch vertreiben und Stimmung in den Eingangsbereich zaubern. Im Winter, wenn Blüten und Laub fehlen, kommen im Garten andere Aspekte zum Tragen: eine interessante Silhouette, etwa durch verdreht wachsende Zweige der Korkenzieherhasel, farbige oder hübsch gemusterte Rinden wie bei vielen Hartriegelarten und die strohi-

Oft schon mitten im Winter öffnen sich die filigranen Blüten der Zaubernuss (*Hamamelis x intermedia*).

gen Schöpfe von Ziergräsern, die im Herbst nicht zurückgeschnitten wurden. Immergrüne Koniferen und Laubgehölze wie Rhododendron, Lorbeerkirsche und Schattenglöckchen (*Pieris*) geben ein Übriges, um keine Langeweile aufkommen zu lassen. Besonders attraktiv wirken winterliche Vorgärten, wenn immergrüne Stauden wie Bergenien, Purpurglöckchen (*Heuchera*) und Seggen (*Carex*) bei der Bepflanzung berücksichtigt werden. Diese Dauerpflanzen sind zudem noch sehr pflegeleicht. Für Treppen und Vorplätze gilt das Gleiche wie für Vorgärten, denn viele schwach wachsende Ziergehölze und immergrüne Stauden fühlen sich auch in Kübeln wohl. Ein unter den Kübel gelegtes Stück Styropor verhindert das Festfrieren der Pflanzgefäße. Eine vor starken Frösten schützende Verpackung muss nicht nur »praktisch« aussehen, sie darf auch schön sein. Eine mit bunten Schleifen festgebundene Umhüllung aus natürlichem Material (Jute, Sackleinen, Nesselstoff) kann eine darunter befindliche, dickere Isolation aus anderen, weniger attraktiven Materialien dekorativ kaschieren.

Winterblüten im Schnee

Dass im Winter in unseren Breiten rein gar nichts blüht, stimmt übrigens

Immergrüne Zwerge für Kübel und Kästen

Deutscher und botanischer Name	Wuchsform	Höhe x Breite (cm)
Zwerg-Balsamtanne (*Abies balsamea* ‚Nana')	gedrungen kissenförmig	30–50 x 80
Buchsbaum (*Buxus sempervirens* 'Suffruticosa')	kompakt, buschig aufrecht; Formschnittgehölz	40–60 x 80
Faden-Scheinzypresse (*Chamaecyparis pisifera* 'Filifera Nana Aurea')	kissenförmig, später breit kegelförmig	80–150 x 150
Kugel-Scheinzypresse (*Chamaecyparis obtusa* 'Pygmaea')	rundlich, kompakt	50–100 x 50–100
Zwergwacholder (*Juniperus communis* 'Hornibrookii')	gewölbt teppichartig	50–80 x 150
Zwerg-Säulenwacholder (*Juniperus communis* 'Compressa')	straff aufrecht, säulenförmig	80 x 45
Igelfichte (*Picea abies* 'Echiniformis')	Kissen- bis halbkugelförmig, dicht	20–60 x 40–80
Kissenfichte (*Picea abies* 'Little Gem')	kompakt kissen- bis kugelförmig	30–50 x 50
Lavendelheide, Schattenglöckchen (*Pieris japonica* 'Little Heath')	gedrungen buschig	60 x 60
Kugel-Bergkiefer (*Pinus mugo* 'Mini Mops')	kissenförmig, sehr langsam wachsend	30–50 x 50–80
Zwerg-Rhododendron (*Rhododendron*-Yakushimanum-Hybriden)	kompakt strauchig	50–80 x 100
Skimmie (*Skimmia japonica*-Hybriden)	kompakt strauchig	20–80 x 20–80
Zwerg-Kugellebensbaum (*Thuja occidentalis* 'Tiny Tim')	kugelförmig	50–100 x 80–150

nicht. Einige Pflanzen sind besonders hart im Nehmen und nutzen die Wintermonate, um ohne Konkurrenten um die Gunst ihrer Bewunderer zu buhlen. Winterschneeball (*Viburnum x bodnantense*), Zaubernuss (*Hamamelis*

Köpfchen aus der Erde. Wie viele Zwiebelpflanzen gedeihen sie auch gut in Töpfen und können sogar für eine verfrühte Blütezeit vorgetrieben werden (siehe Seite 54).

Weihnachtliche Accessoires

Ganz gleich, ob bei der winterlichen Dekoration Landhausflair erwünscht ist oder die Haustür einer eleganten Stadtwohnung geschmückt wird: das verwendete Material muss Wind, Frost und ein gewisses Maß an Feuchtigkeit vertragen, ohne gleich zerzaust und verrottet auszusehen. Getrocknete Pflanzenteile wie Strohblumen und mit allerlei natürlichen Materialien dekorierte Kränze sollten nur in vor Regen und Spritzwasser geschützten Bereichen, etwa unter einem Vordach, Verwendung finden.

Es scheint wie ein Wunder, wenn sich die Blüten der Christrose (*Helleborus niger*) mitten im Schnee entfalten.

x intermedia), Winterjasmin (*Jasminum nudiflorum*) und Christrose (*Helleborus niger*) sind die bekanntesten unter den winterlichen Blütenstars. Auch manche Mahonien öffnen scheinbar zur Unzeit ihre leuchtend gelben Blüten, so etwa *Mahonia x media*. Weniger bekannt ist die Winterblüte (*Chimonanthus praecox*) mit ihrem zart duftenden Flor und die vom Herbst bis zum Frühjahr blühende Schneekirsche (*Prunus x subhirtella*). Und auch die ganz kleinen Wunder sollte man nicht übersehen: Werden die Tage im Januar wieder länger, aber noch nicht wärmer, streckt das vorwitzige Schneeglöckchen seine

TIPP *Ideal zum Aufhängen weihnachtlicher Türkränze sind Haken, die mit Saugnäpfen an der Tür befestigt werden. Sie lassen sich leicht wieder entfernen, ohne die Tür zu beschädigen.*

Damit Vorgarten und Hauseingang im Winter nicht schon mit Beginn der Dämmerung in den Schlaf sinken, setzt man sie mit künstlicher Beleuchtung ins rechte Licht. Pflanzgefäße, die den Winter im Freien verbringen sollen, müssen frostfest sein. Normale, schwach gebrannte Tontöpfe sind dies in der Regel nicht. Eindringendes Wasser dehnt sich in gefrore-

nem Zustand aus und bringt dann leicht zum Platzen, was dem Druck nicht standhält.

Wintertristesse ade!

In unserem Beispiel für einen Vorgarten spielen immergrüne Gehölze und Bodendecker die Hauptrolle. Einen großen Auftritt hat die Zaubernuss, wenn sich ihre Blüten Ende Dezember öffnen. Eine zur Winterzeit zwischen die kahlen Zweige geschlungene Miniaturlichterkette sichert ihr auch abends genug Aufmerksamkeit und dient gleichzeitig als Wegbeleuchtung. Die Christrose blüht pünktlich zu Weihnachten, wenn man die Sorte

Rote
Weihnachtskugeln

Kübeldurchmesser
ca. 35–40 cm

Winterliche Kübelbepflanzung
1 Schneeheide (*Erica carnea*, weiß)
2 Rebhuhnbeere (*Gaultheria procumbens*)
3 Weißbunter Efeu (*Hedera helix*)
4 Skimmie (*Skimmia japonica* 'Rubella')

**Immergrüne
Skimmien wach-
sen langsam,
machen aber im-
mer eine gute
Figur.**

'Praecox' kauft. Sie mag kalkhaltigen Boden und muss vor Schneckenfraß geschützt werden. Leicht sauren Boden bevorzugen dagegen die Rhodo-

dendren und das Schattenglöckchen. Wird in eine Pflanzmulde handelsübliche Rhododendron-Erde gefüllt, danken es die Pflanzen mit gutem Gedeihen. Bei stärker kalkhaltigen Böden kann man bei den Rhododendren auch auf INKARHO®-Hybriden zurückgreifen, die kalktolerant sind. Das Schattenglöckchen gedeiht gut in einem mit Rhododendronerde gefüllten Kübel. Beginnt die dunkle und kalte Jahreszeit, können die immergrünen Gehölze mit Außenlichterketten und dekorativen Christbaumkugeln geschmückt werden. Besonders die Zuckerhutfichte in der Mitte des Vorgartens wird dadurch zu einem stimmungsvollen Blickfang. Auf dem Treppenabsatz löst ein winterlich bepflanzter und dekorierter Kübel die saisonal wechselnde Bepflanzung ab. Die Korkenzieherhaselnuss mit ihrem bizarren Wuchs braucht nicht extra geschmückt zu werden, um Aufmerksamkeit auf sich zu ziehen. Besonders apart wirkt es, wenn Raureif und Schnee sich auf die Zweige legen.

Pfiffige Ideen für Sparfüchse

Man kann eine ganze Menge Geld im Garten vergraben, ohne dass er deshalb nach viel aussieht. Diese Erfahrung wird vor allem von vielen Gartenneulingen gemacht. Nicht nur Pflanzen kosten Geld, auch Gartenwerkzeuge, Zubehör wie Bindedraht, Dünger sowie Kübel und Töpfe, aber auch Pflanzenschutzmittel sind nicht gerade billig. Besonders dann, wenn man nicht das Einfachste, sondern eine Qualität wählt, die etwas dauerhafter und dazu noch dekorativ ist. Auch wenn der Vorgarten oder Eingangsbereich nicht besonders groß sind, gilt hier das Gleiche wie für alle anderen Gärten: die Ausgaben für eine hübsche Gestaltung überschreiten schnell das angepeilte Limit des Budgets – und Kompromisse zu machen fällt hier besonders schwer, schließlich handelt es sich ja um die »Visitenkarte des Hauses« und nicht um den Hinterhof. Ein ärmlicher Eindruck wäre da kein gutes Aushängeschild.

Gut geplant – gleich gespart

Ein attraktiver Vorgarten oder Hauseingang muss jedoch nicht gleich ein Vermögen kosten. Eine geschickte und bewusste Planung, die von Anfang an Überflüssiges vermeidet und auf kostengünstige Alternativen setzt, hilft viel Geld zu sparen. Alle Komponenten, die hohe Kosten verursachen

– zum Beispiel empfindliche und pflegeintensive Pflanzen, Englischer Rasen, große Bäume, Teiche und Fließgewässer (Brunnen) sowie aufwändige Pflasterarbeiten – können schon im Planungsstadium vermieden werden. Sparfüchse setzen auf pflegeleichte, robuste Pflanzen, Sport- und Spielrasen, junge und daher noch preiswerte Gehölze und einfache Beläge für Wege und Freiflächen. Kies ist billiger als Natursteinpflaster und gebrauchtes Pflastermaterial kann man oft sehr preiswert über Kleinanzeigen im Lokalblatt bekommen. In geschickter Kombination mit Kopfstein- oder Kunststeinpflaster lassen sich sogar die verpönten Waschbeton-

Die Blüten und Blätter der Kapuzinerkresse (*Tropaeolum majus*) sind nicht nur schön anzusehen, sondern schmecken auch prima im Salat!

Eine pfiffige und preiswerte Idee: Statt Eingangstor wurden frische Weidenzweige in den Boden gerammt. Nach dem Anwurzeln bilden sie eine »grüne Grenze«.

platten attraktiv recyceln. Wenn man gleich bei der Planung genau überlegt, was man wirklich braucht und welche Gestaltungselemente nur der Eitelkeit zuliebe auf der Wunschliste stehen, kommt man meist zu erstaunlichen Erkenntnissen. Auch eine standortgerechte Planung bei der Pflanzenauswahl spart Kosten, denn Pflanzen, die sich an ihrem Standort nicht wohl fühlen, kränkeln, machen unnötig Arbeit und kosten Geld, wenn

Pflanzenschutzmittel und Dünger eingesetzt werden müssen.

Simplify your life – einfach gärtnern

Um erfolgreich zu gärtnern, braucht man nicht viele Gartenwerkzeuge – die Grundausrüstung besteht aus Spaten, Hacke, Pflanzkelle, Rosenschere und Gießkanne, gegebenenfalls noch einem Gartenschlauch. Vieles bekommt man preiswert, aber solide im Baumarkt. Besonders im Frühjahr gibt es auch oft attraktive Sonderangebote in Discountern. Bei der Anschaffung lohnt es sich jedoch, einmalig in gute Qualität zu investieren, die einen dann ein ganzes Gärtnerleben begleitet. Wem Neugeräte zu teuer sind, kann sich auf Flohmärkten, per Inserat oder im Internet gebrauchte Gartengeräte zu Schnäppchenpreisen besorgen. Motorbetriebene Gartengeräte, die man selten braucht, muss man nicht kaufen. Wenn sie nicht im Fundus von Nachbarn oder Bekannten vorhanden sind und ausgeliehen werden können, kann man sie bei Gartenbauvereinen und Verleihfirmen mieten. Elektrizität im Garten – sei es für Beleuchtung, sei es für Teichpumpen und -filter –, kostet Geld. Hier zu sparen ist oft gefährlich. Entweder verzichtet man von Anfang an darauf, Leitungen im Außenbereich zu verlegen, und verwendet Solarlampen – oder man beißt in den sauren Apfel und lässt die Installation einmal richtig vom Fachmann vornehmen.

TIPP *Wenn Besuch kommt, erzeugen mit Teelichtern bestückte Windlichter oder ausrangierte Glasvasen vor der Haustür eine tolle Atmosphäre.*

Pflanzen zum Nulltarif

Farbenfrohe Blumenbeete sind ein fröhliches Willkommen in jedem Vorgarten, mit bunten Sommerblühern bepflanzte Schalen und Töpfe schmücken jede Treppe und jeden Vorplatz. Aber die bunte Pracht kann schnell für Ebbe im Geldbeutel sorgen, wenn man alle Pflanzen kaufen muss. Hier ein paar Tipps, wie man kostengünstig oder sogar gratis Pflanzen bekommen kann:

- Freunde und Nachbarn geben auf Anfrage gern Ableger oder überzählige Pflanzen ab. Herbst oder Frühjahr sind die besten Zeitpunkte, um danach zu fragen, weil dann die meisten mehrjährigen Pflanzen geteilt und umgepflanzt werden können.
- Über eine Annonce im Lokalblatt erfährt man, wo Gärten aufgelöst und Pflanzen günstig oder umsonst an Selbstabholer abgegeben werden. Oft sind schöne, große Kübelpflanzen im Herbst sehr günstig zu bekommen, weil den Besitzern der Platz zum Überwintern fehlt.
- Hat man bereits einen Garten, kann man mehrjährige Pflanzen daraus teilen und durch Ableger, Stecklinge oder Absenker vermehren. Auch wild aufgegangene Sämlinge kosten keinen Cent.
- Auf regionalen, meist im Frühsommer veranstalteten Pflanzenbörsen kann man günstig Pflanzen tauschen oder erwerben.

▶ Buchsbaum vermehren

Aus eins mach viele – manche Pflanzen lassen sich ganz leicht durch Stecklinge vermehren. Bei Buchsbaum geht es besonders einfach: im Sommer etwa zehn Zentimeter lange, halb verholzte Triebe von der Mutterpflanze schneiden, das untere Drittel des Stecklingsreises entblättern und an einem halbschattigen Standort bis zum ersten Blattansatz einige Zentimeter tief in nahrhafte, feuchte Erde stecken. Es kann einige Zeit dauern, bis der Steckling Wurzeln bildet, aber spätestens nach einem Jahr beginnt er kräftig auszutreiben und kann verpflanzt werden.

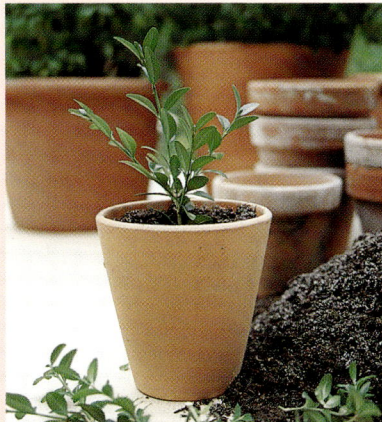

Wenn man dabei auf kräftige und gesunde Ware achtet, kann man echte Schnäppchen machen. Pflanzen aus der freien Natur auszugraben, ist verboten. Man kann aber die reifen Samen vieler attraktiver heimischer Wildarten wie Akelei, Malven, Nachtkerzen oder Klatschmohn sammeln und es mit der Aussaat versuchen.

Geduld zahlt sich aus. Wenn man bei Gehölzen jüngere Exemplare kauft, spart man eine Menge Geld. Ein allzu junges Pflänzchen sieht allerdings manchmal recht mickerig aus und braucht einige Jahre, um den Namen »Baum« zu verdienen. Wer nicht jahrelang auf die gewünschte Optik verzichten möchte, wählt entweder raschwüchsige Arten oder investiert mehr Geld.

Fantasie und Inspiration

Gartendekoration liegt voll im Trend. Besonders in der kalten Jahreszeit, wenn es an Blüten mangelt, kann man Vorgarten und Hauseingang mit hübschen Accessoires aufpeppen. Polierte Messingleuchten, gusseiserne Urnen, handgeflochtene Korbwaren oder bunt glasierte Gartenkeramik – vieles von dem dekorativen Schnickschnack, der auf Gartenmessen und -festivals zu Höchstpreisen angeboten wird, ist nur auf den ersten Blick wirklich hübsch. Oft genug entpuppt es sich vor der eigenen Haustür als Fremdkörper oder gar als Attrappe.

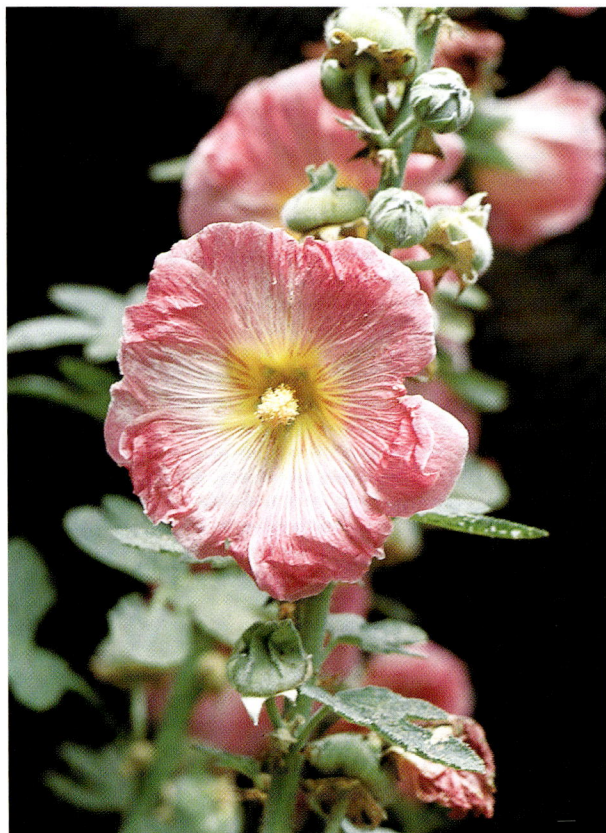

Nach der Blüte bildet die Stockmalve (*Alcea rosea*), auch Stockrose genannt, Samenkapseln. Man kann sie ernten und aussäen.

Viele Sommerblüher lassen sich bei rechtzeitiger Planung problemlos im Haus aussäen und vorziehen. Ein Samentütchen kostet nur ein paar Cent, reicht aber oft für hunderte von Pflanzen.

Im Herbst räumen Gartencenter ihre Lager für die Winterware. Dann kann man Gehölze und Stauden im Container, aber auch Blumenzwiebeln oft für die Hälfte des ursprünglichen Preises erwerben.

Pfiffige Dekorationsstücke selber zu machen bringt nicht nur die eigene Persönlichkeit individuell zum Ausdruck, sondern macht auch eine Menge Spaß – und ganz nebenbei spart es auch eine Menge Geld. Wer glaubt, zehn Daumen an den Fingern und keinen Funken Fantasie zu haben, kann die eigenen oder die Kinder von Freunden und Bekannten zu einem Bastelnachmittag anregen. Mit cooler Musik und ein paar leckeren Snacks ist das alles andere als out und bringt gelangweilte Kids manchmal auf die tollsten Ideen.

Eine Fülle von Anregungen halten Bastelratgeber bereit, die in jeder Stadtbücherei kostenlos auszuleihen sind. Bastelmaterial findet sich in jeder Rumpelkammer und jedem Gartenschuppen, ebenso Farbreste von der letzten Wohnungsrenovierung. Manchmal genügt aber auch schon

ein Blick auf den Dachboden oder in den Küchenschrank und man findet dekorative Töpfe und Schüsseln aus Omas Zeiten, hübsche Holzkistchen oder alte Blechdosen, die mit ein paar Pflanzen zu echten Schmuckstücken werden und bei Besuchern Neid und Bewunderung auslösen.

Ein sonniger Vorgarten für ganz wenig Geld

Alles, was man für unseren kleinen Beispiel-Vorgarten investieren muss,

Umsonst und draußen – ein sonniger Vorgarten für ganz wenig Geld
1 Stockrose, Rosenpappel (*Alcea rosea*)
2 Buchsbaum (*Buxus sempervirens*)
3 Einjährige Sonnenblume (*Helianthus annuus*)
4 Duftsteinrich (*Lobularia maritima*)
5 Studentenblume (*Tagetes patula*)
6 Kapuzinerkresse (*Tropaeolum majus*)

Gute Laune pur: Studentenblumen sind anspruchslos, leicht selber zu vermehren und blühen den ganzen Sommer über.

ist Zeit und etwas Arbeitskraft. Die Klinkersteine für die Wegbefestigung stammen von einem Abbruchhaus, der Pflanzkübel in Gestalt einer dekorativen Blechdose vom griechischen Lebensmittelhändler an der nächsten Ecke. Die Bepflanzung verzichtet auf teure Edelgewächse, ganz nach dem Motto: Weniger ist mehr. Einzige echte Investition waren einige Samentütchen, deren Inhalt im Frühjahr ausgesät wurde. Sonnenblumen, Duftsteinrich, Studentenblumen und Kapuzinerkresse sind kinderleicht aus Samen heranzuziehen und auch in der Pflege völlig unproblematisch.

Die Stockrosen sind sogar mehrjährig. Im Laufe des Sommers setzen viele Einjährige nach der Blüte Samen an, die gesammelt und getrocknet werden können. Sie bilden den kostenlosen Grundstock für die nächste Blütensaison. Nur bei so genannten F_1-Hybriden ist Vorsicht geboten: Die Nachkommen fallen nicht sortenrein aus und können bezüglich Blütenpracht und Wuchsform enttäuschen.

Für die Wegeinfassung wurden im Sommer im Garten von Bekannten Buchsbaumstecklinge geschnitten und nach dem Bewurzeln (siehe Seite 67) in Reih und Glied gepflanzt. Die anfangs noch lichte Hecke wird nach zwei bis drei Jahren und jährlichem leichtem Rückschnitt eine gute Figur machen. Besonders pfiffig: die aus einem bemalten Brett und Altkleidern gefertigte Vogelscheuche in Gestalt eines verschrobenen Gärtners!

Gartenpraxis

Anhand dieser Vorüberlegungen und der einen oder anderen Präferenz kann man relativ leicht eine Pflanzen-Wunschliste erstellen und die benötigte Stückzahl veranschlagen. Auch der Bedarf an Zubehör wie Töpfen, Kübel und Accessoires kann auf diese Weise viel leichter eingeschätzt werden. Eine kleine Kostenkalkulation im Voraus ist auch nicht verkehrt. Als Anhaltspunkt für die Preise von Pflanzen und Zubehör können Kataloge von Baumschulen und Gärtnereien oder die Bestellkataloge von Gartenversandhäusern dienen. Die im Frühjahr zahlreich erscheinenden Prospekte von Gartencentern und Baumärk-

ten, die den Tageszeitungen beiliegen oder in die Briefkästen gesteckt werden, lohnen in diesem Fall auch eine genauere Durchsicht. Oft findet man dort das Gesuchte zum saisonalen Schnäppchenpreis. Gute Planung und Information erleichtert den Einkauf und spart unnötige Wege.

Standort und Boden

Der richtige Standort entscheidet darüber, ob Pflanzen gedeihen oder kümmern – und damit auch über Freude und Erfolg beim Gestalten. Mit dem Begriff »Standort« sind nicht nur die Himmelsrichtung und das spezielle Mikroklima vor Ort gemeint, auch die

Ein echter Cottage- oder Landhausgarten braucht etwas gärtnerisches Können und viel Pflege, belohnt dafür aber mit herrlicher Blütenfülle.

Ein sonniger, trockener Standort vor dem Haus wurde hier für einen mediterran anmutenden Kiesgarten genutzt.

Qualität des Bodens spielt eine wichtige Rolle. Am besten prüft man die individuelle Standortsituation anhand einer Checkliste, bevor weitere Entscheidungen in Bezug auf die Pflanzenauswahl getroffen werden. Dies vermeidet Enttäuschungen über kränkelnde, weil falsch gepflanzte Gewächse und spart neben einer Menge überflüssiger Pflegearbeit auch bares Geld.

Licht und Klima:
- Nach welcher Himmelsrichtung ist der Eingangsbereich/der Vorgarten ausgerichtet?
- Von woher kommt der Lichteinfall?
- Ist der Lichteinfall den ganzen Tag über konstant?
- Werfen Hauswände oder Nachbargebäude Schatten?
- Wie wandern die Schatten im Verlauf eines Tages?
- Ist ein Vordach vorhanden oder nötig?

- Welches ist die Hauptwindrichtung?
- Ist ein Windschutz nötig?

Bodenproben
Die Bodenqualität kann man entweder von einem Labor für Bodenuntersuchung testen lassen – dann erhält man Aufschluss über die genaue Zusammensetzung des Bodens, den Gehalt an Mineralien, Spurenelementen usw. Dies ist recht aufwändig, kostet einiges und ist für den kleinen Bereich eines Hauseinganges bzw. kleinen Vorgartens eigentlich nicht nötig. Oder man entscheidet sich für die preiswerte Alternative und macht selbst einige einfache Tests, die Grundsätzliches über die Beschaffenheit des Bodens offenbaren.

Am einfachsten ist die so genannte Fingerprobe: Man nimmt eine Hand voll feuchte, aber nicht regennasse Erde, drückt sie fest zusammen und betrachtet das Ergebnis. Stark tonhaltige Böden lassen sich gut kneten. Ein daraus geformtes Kügelchen wird beim Trocknen hart und kompakt. Solche Böden brauchen einen Ausgleich durch Sand und Humus (Kompost), um gute Gartenböden zu werden. Lehmboden, der ideale Gartenboden, lässt sich ebenfalls kneten, hat aber eine etwas gröbere Struktur, da er mit Steinchen und Humusteilen durchsetzt ist. Ein daraus geformtes Kügelchen zerbröselt beim Trocknen. Gelegentliche Düngergaben (Kompost) fördern eine positive Bodenentwicklung. Sandboden lässt sich weder formen noch kneten, hat eine fühlbare Körnchenstruktur (Quarzkristalle) und rieselt in trockenem Zustand durch die Finger. Er trocknet nach einem Regen sehr schnell, ist extrem durchlässig und kann durch Beimischung von Humus und Lehm bindiger gemacht werden. Reichlich verrottete Pflanzenfasern und organische Bestandteile im Boden kennzeichnen einen vorwiegend humosen Boden, der als besonders fruchtbar gilt.

Um die Anteile der jeweiligen Komponenten im Boden zu bestimmen, wendet man die Schlämmprobe an. Eine kleine Menge Erde wird in ein zylinderförmiges Glas gegeben und mit Wasser aufgefüllt. Nach dem Umrühren sinkt zuerst der Sand ganz nach unten, darüber bildet der Lehm eine trübe Brühe und setzt sich später als Schlammschicht ab. Ton ist schwerer löslich als Lehm und bildet meist Klümpchen, die auf die Sandschicht absinken. Die faserigen Humusanteile schwimmen obenauf.

Den Gehalt an den Bodennährstoffen Nitrat, Phosphat und Calcit kann man kinderleicht mit Test-Sets aus dem Gartenfachhandel prüfen, denen eine Gebrauchsanleitung beiliegt. So erfährt man unter anderem, ob der Boden eher sauer oder basisch ist. Gemessen wird der so genannte pH-Wert. Ideal ist ein pH-Wert von 6,5 bis 7, was als neutral bezeichnet wird. Liegt der Wert darunter, ist der Boden sauer, liegt er darüber, ist er basisch und wird auch als alkalisch oder kalk-

Einfacher Bodentest: die Fingerprobe.

haltig bezeichnet. Manche Pflanzen wie Rhododendren, Hortensien und Heidekraut bevorzugen sauren Boden und kümmern auf alkalischen Böden, während andere wie Christrosen eher alkalische Böden bevorzugen. Die

Mit der Schlämmprobe bestimmt man den Anteil der Bodenkomponenten.

Rhododendren gehören zu den beliebtesten Ziergehölzen. Für gutes Gedeihen brauchen sie sauren Boden.

meisten Pflanzen kommen auf neutralen Böden gut zurecht. Wenn man bei der Pflanzenauswahl die Bodenqualität und die Ansprüche der jeweiligen Arten berücksichtigt, beugt man unangenehmen Überraschungen wie etwa Mangelkrankheiten oder kümmerlichem Wuchs bei den Pflanzen vor.

Der »Wunschzettel«
Der Wunschzettel fällt erfahrungsgemäß umso länger aus, je mehr Familienmitglieder sich an der Erstellung beteiligen. Hier listet man auf, was einem besonders gut gefällt und unbedingt in die Gestaltung mit einfließen sollte. Das können schon konkrete Pflanzen sein, etwa leise raschelnder, immergrüner Bambus, die Lieblingskletterrose, bunte Sommerblumen oder ein Lorbeerbäumchen im Kübel. Manchmal ist es aber auch sinnvoll, sich nicht gleich auf bestimmte Pflan-

zen festzulegen, sondern erst mal an eine Stimmung, ein gewisses Flair zu denken, das angestrebt wird. Damit eins zum anderen passt, können dann je nach der gewünschten Wirkung und den zuvor ermittelten Standortbedingungen bestimmte, besonders charakteristische Pflanzen ausgewählt werden. Liebhaber der mediterranen Kultur denken da vielleicht an Terrakottakübel und Toskanastimmung, andere schätzen eher eine fröhliche, kunterbunte Mischung von Blumen und Accessoires, die deutlich macht, dass hier eine lebhafte Familie mit Kindern wohnt. Wieder andere wünschen sich vielleicht einen formalen, schnörkellosen Stil mit immergrünen Pflanzen wie Buchsbaum oder Felsenmispel (*Cotoneaster*), die ein- bis zweimal im Jahr in Form geschnitten werden und ganzjährig attraktiv sind. Eine schematische, maßstabsgetreue Skizze auf Millimeterpapier hilft beim Visualisieren und erleichtert die Planung. Außerdem kann man so besser die Menge der benötigten Pflanzen und schließlich auch die Kosten ermitteln.

Pflegeleicht sind:
- robuste, immergrüne Pflanzen
- winterharte, voll frostfeste Gewächse
- standortgerecht ausgewählte Pflanzen
- von Natur aus zwergwüchsige Gehölze, die keinen Rückschnitt brauchen
- alle Gewächse, die im Erdboden wurzeln statt in Töpfen zu wachsen

- Blütenpflanzen, bei denen Verblühtes nicht ausgeschnitten werden muss
- Töpfe und Kübel mit Wasserreservoir
- automatische Bewässerungssysteme
- große Pflanzgefäße, die weniger schnell austrocknen als kleine
- wetterfeste, beständige Accessoires aus Keramik, Metall oder imprägnierten Hölzern
- Beleuchtungssysteme mit Zeitschaltuhr

Pflegeaufwändig sind:

- Saisonpflanzen, die nur für kurze Zeit attraktiv aussehen
- exotische, frostempfindliche Gewächse
- nicht standortgerechte Pflanzen
- Laub abwerfende Pflanzen, die im Herbst Falllaub verursachen
- Blütenpflanzen, bei denen regelmäßig Verblühtes ausgeputzt werden muss
- kleine Pflanzgefäße, die oft gegossen werden müssen
- Blumenampeln und Hanging Baskets
- Accessoires aus vergänglichen Materialien
- jahreszeitlich und auf Feste ausgerichtete Dekorationen
- Formschnittgehölze, die öfter getrimmt werden müssen

Die richtigen Schlüsse ziehen

Wenn alle Fragen der Checkliste beantwortet wurden, eine Bodenprobe Auskunft über die Art und die Qualität des Bodens gegeben hat und der Wunschzettel ausgefüllt vor einem liegt, fällt die Zusammenstellung der endgültigen Pflanzenliste, mit der man schließlich zum Einkauf marschiert, in der Regel leichter. Aus der Summe der verschiedenen Einzelaspekte ergibt sich ein deutliches Bild von der Bepflanzung des zukünftigen Eingangsbereiches. Es gibt eigentlich keine Situation, für die nicht eine oder sogar mehrere attraktive Lösungen gefunden werden können: In den weiter unten aufgeführten konkreten Beispielen für sonnige und für schattige Eingänge und Vorgärten mit ausgearbeiteten Pflanzplänen findet man Ideen, die geeignete Pflanzenarten für die entsprechenden Standorte aufführen.

Sonnig und bunt – dieser einladende Eingangsbereich mit Sommerblumen verlangt jedoch tägliches Gießen.

Literatur

Bärtels, Andreas: Gehölze für den Garten. Ulmer, Stuttgart 1993

Berger, Frank von: Gestalten mit Kübelpflanzen. Knaur, München 2003

Berger, Frank von und *Kanbay, Feryal*: Knaurs Gartenlexikon, München 2004

Berger, Frank von: Schöne Gärten mit Stauden, Knaur, München 2003

Berger, Frank von: Wege im Garten., Knaur, München 2003

Funke, Wolfgang (Hrsg.): Knaurs Gartenbuch. Knaur, München 2003

Landes, Maria und *Haschner, Barbara*: Zaungucker und Türsteher. Knaur, München 2003

Sator, Günther: Feng-Shui-Garten für die Sinne. Gräfe und Unzer, München 2004

Sulzberger, Robert: Balkon und Kübelpflanzen. Knaur, München 2005

Throll, Angelika (Hrsg.): Viel Garten für wenig Geld. Kosmos, Stuttgart 2003

Bezugsadressen

Gartenversand allgemein:

Gärtner Pötschke
Beuthener Straße 4
41561 Kaarst
Tel. 02 131 / 79 33 33
Fax 02 131 / 793444
http://www.gaertner-poetschke.de
e-mail: poetschke@cww.de
(Pflanzen und Zubehör; Katalog auf Anfrage)

Dehner, Alles für den Garten
86640 Rain am Lech
Tel. 09 002 / 77-0
Fax 09 002 / 77-395
Katalog-Bestellung unter
Tel. 09 002 / 77-282
http://www.dehner.de

Baldur Garten
Elbinger Straße 12
64625 Bensheim
Tel. 01 805 / 1035-11
http://www.baldur-garten.de

Versand von Blumenzwiebeln:

Albrecht Hoch
Potsdamer Straße 40
14163 Berlin-Zehlendorf
Tel.: 030 / 802 62 51
Fax: 030 / 802 62 22
(Katalog gegen 5 Euro Schutzgebühr in Briefmarken)

Bernd Schober
Stätzlinger Straße 94 a
86165 Augsburg
Tel.: 0821 / 72 98 95 00
Fax: 0821 / 72 98 95 01
www.der-blumenzwiebelversand.de
E-Mail: webmaster@der-blumenzwie-
belversand.de
Katalog gegen Schutzgebühr

Versand von Kübelpflanzen:

Flora Mediterranea
Königsgütler 5
84072 Au/Hallertau
Tel.: 08 752 / 12 38
Fax: 08 752 / 99 30
E-Mail: floramediterranea@t-online.de
http//:www.floramediterranea.de

Versandgärtnerei Helga Mittmann
Eichenweg 21
8499 Salzbergen
Tel.: 05 976 / 522
Fax: 05 976 / 1065
E-Mail: kontakt@kuebelgrten.de
http//:www.kuebelgarten.de

Hochwertige Terrakotta:
Indola il Toscana
Thanhof 1
93173 Wenzenbach
Tel.: 09 41 / 833 68
Fax: 09 41 / 8648 0
http://www.indola-toscana.de
E-Mail: info@indola-toscana.de

Gartendekoration und Accessoires:

Country Garden
Nagolder Straße 27
72119 Ammerbuch-Pfäffingen
Tel. 07 073 / 23 72
Fax 07 073 / 91 51 29
http://www.country-garden.de

Die Gartengalerie
Wössinger Straße 15
75045 Walzbachtal
Tel. 07 203 / 18 05
Fax 07 203 / 63 36
http://www.diegartengalerie.de

H&G
Die Haus & Garten Galerie
Postfach 1355
48271 Emsdetten
Tel.: 02 572 / 95 27 24
Fax: 02 572 / 982 88
http://www.hug-galerie.com
E-Mail: info@hug-galerie.com

Hesperiden
In der Schmalau 4
90427 Nürnberg
Tel. 0911 / 30 31 11
Fax 0911 / 30 63 11
http://www.hesperiden.de

Wood Steel & More
Postfach 1148
22947 Ammersbek
Tel. 040 / 60 56 11 92
Fax 040 / 60 56 11 91
http://www.woodsteel.de

Register

Die Deutsche Bibliothek verzeichnet diese Publikation in der Deutschen Nationalbibliografie; detaillierte bibliografische Daten sind im Internet über http://dnb.ddb.de abrufbar.

Bildnachweis:
Fotos: Frank v. Berger S. 5, 6, 7, 8, 11, 12, 13, 14, 16, 20, 21, 22, 23, 26, 28, 29, 30, 31, 32, 33, 34, 36, 37, 38, 39, 40, 41, 42, 43, 44 oben, 45, 47, 49, 50, 51, 53, 55, 57, 58, 60, 62, 64, 65, 66, 67, 68, 70, 72, 73, 74, 75, Wiederholungen S. 5–17 oben, 25–75 oben; Anette Hempflinger S. 19, Wiederholungen oben S. 18–24; Peter Himmelhuber S. 27; IFA-Bilderteam/IPS S. 1, 4, S. 71; Klaus Liepa S. 24; Manfred Ruckszio S. 44 unten.

© 2005 Knaur Ratgeber Verlage
Ein Unternehmen der Droemerschen Verlagsanstalt
Th. Knaur Nachf. GmbH & Co. KG, München

Lektorat: Wolfgang Funke, Augsburg
Umschlagkonzeption und Umschlaggestaltung:
ZERO Werbeagentur, München
Umschlagfoto: Gettylmages/Michael Bauselle
Satz, Layout und Herstellung:
Hartmut Czauderna, München
Illustration: Sabine Weber, Appenweier
Reproduktion: Repro-Ludwig, Zell am See
Druck und Bindung: Stürtz AG, Würzburg
Gedruckt auf 135 g umweltfreundlich chlorfrei gebleichtem Papier.

ISBN 3-426-64172-0
Printed in Germany

Bitte besuchen Sie uns im Internet:
www.droemer-knaur.de

5 4 3 2 1